FREDERICK HOYOS
JORGE GÓMEZ
VELSSY HERNÁNDEZ

IMPLEMENTAÇÃO DE SDN ATRAVÉS DO CONTROLADOR DE PROJECTORES

FREDERICK HOYOS
JORGE GÓMEZ
VELSSY HERNÁNDEZ

IMPLEMENTAÇÃO DE SDN ATRAVÉS DO CONTROLADOR DE PROJECTORES

Configuração de redes com o Floodlight

ScienciaScripts

Imprint
Any brand names and product names mentioned in this book are subject to trademark, brand or patent protection and are trademarks or registered trademarks of their respective holders. The use of brand names, product names, common names, trade names, product descriptions etc. even without a particular marking in this work is in no way to be construed to mean that such names may be regarded as unrestricted in respect of trademark and brand protection legislation and could thus be used by anyone.

Cover image: www.ingimage.com

This book is a translation from the original published under ISBN 978-613-9-40481-0.

Publisher:
Sciencia Scripts
is a trademark of
Dodo Books Indian Ocean Ltd. and OmniScriptum S.R.L publishing group

120 High Road, East Finchley, London, N2 9ED, United Kingdom
Str. Armeneasca 28/1, office 1, Chisinau MD-2012, Republic of Moldova, Europe
Printed at: see last page
ISBN: 978-620-8-08421-9

SOBRE OS AUTORES:

FREDERICK HOYOS FRANCO

É engenheiro de sistemas, licenciado pela Universidade de Córdoba. Programador full stack. Conhecimentos em SQL, MySQL, PostgreSQL, VSCode, Microsoft SQL Server - Intermediário. Linguagens de programação: Java (Básico), Matlab, Python (Intermediário) ReactJS (Básico).

JORGE GÓMEZ GÓMEZ

Engenheiro de Sistemas de profissão formado pela Fundação Universitária San Martín, Mestre em Engenharia Telemática pela Universidade de Cauca, Doutor em Tecnologias da Informação e Comunicações pela Universidade de Granada Espanha, professor a tempo inteiro de Engenharia de Sistemas na Universidade de Córdoba. Diretor do grupo de investigação SOCRATES do curso de Engenharia de Sistemas da Universidade de Córdoba, editor-chefe da revista Engineering and Innovation da Universidade de Córdoba. Membro e fundador da secção de estudantes do IEEE da Universidade de Córdoba. Publiquei numerosos artigos na área da Internet das Coisas, Consciência do Contexto, e-learning, redes de telecomunicações, em diferentes revistas indexadas nos índices JCR e SCOPUS. Tenho desenvolvido projectos de investigação relacionados com a segurança dos cidadãos, cidades inteligentes, Internet das Coisas para questões de saúde, entre outros. Sou coordenador do grupo de investigação em Computação Pervasiva do curso de Engenharia de Sistemas da Universidade de Córdoba. Neste grupo de investigação desenvolvemos actividades de investigação orientadas para sistemas inteligentes baseados em tecnologias como RFID, NFC, QRCODE, sistemas de geolocalização, sistemas ubíquos e pervasivos. Também neste grupo de investigação, os estudantes propõem soluções nos tópicos acima mencionados; os membros estão ativamente envolvidos em actividades de investigação dentro e fora da universidade. Como resultado, muitos membros ganharam prémios regionais e nacionais. Além disso, participei como avaliador de júris de revistas indexadas, teses de mestrado e dissertações de doutoramento. Sou também editor convidado da revista Computational and Mathematical Methods in Medicine-Hindawi. Fui professor convidado da Corporación Universitaria de la Costa, no Doutoramento em Tecnologias da Informação e Comunicação, na disciplina Representação Semântica da Informação em Ambientes Ubíquos. Fui professor na Universidad Cooperativa de Colombia em Monteria de 2008 a 2015, onde leccionei disciplinas de inteligência artificial, bases de dados e redes de telecomunicações. Também fui professor na Universidad del Sinú de 2008 a 2015, onde também fui diretor do grupo de investigação GNOCIX do curso de Engenharia de Sistemas. Fui conferencista em eventos nacionais e internacionais. A nível internacional, fui convidado pela Universidade Técnica Estatal de Quevedo Equador para dar um seminário sobre a Internet das Coisas em 2014. Em 2016 fui convidado pela Universidade de Babahoyo Equador para dar um seminário sobre Sistemas Ubíquos. Participei em concursos internos de investigação na Universidade de Córdoba, bem como em concursos externos como o Minciencias.

Finalmente, posso dizer que com a experiência que tive ao longo dos anos como profissional, contribuí para gerar novos conhecimentos, o que se reflectiu nos artigos que publiquei, nos trabalhos de pós-graduação que orientei, nos cursos que ministrei e na apropriação de conhecimentos para a comunidade educativa. No âmbito do Ramo IEEE da Universidade de Córdoba, promovi a investigação e a projeção social do conhecimento nos ambientes sociais que o exigiram.

Velssy Hernández Riaño:
É Engenheira de Sistemas e tem um Mestrado em Engenharia Telemática pela Universidade Francisco José de Caldas, Colômbia. É professora e investigadora no grupo de investigação SOCRATES do Departamento de Engenharia de Sistemas da Universidade de Córdoba.

Conteúdo

CAPÍTULO 1

CONTEXTO TEÓRICO.

As redes tradicionais são a antiga forma convencional de efetuar ligações em rede. Estas dependem de dispositivos de rede específicos como routers e switches para realizar estas tarefas de rede, de forma a controlar o tráfego destas mesmas redes; com a modernização, o surgimento de empresas tecnológicas e o escalonamento destas empresas criou uma preocupação relativamente à questão de continuar a utilizar este tipo de redes, pois o desempenho não é adequado à medida que estas crescem, isto porque o maior problema destas redes é a sua difícil administração.

Nestas redes, todos os dispositivos se controlam a si próprios, pelo que fazer qualquer tipo de alteração para atualizar, melhorar ou corrigir implica um grande investimento de tempo, uma vez que cada dispositivo tem de ser configurado manualmente, o que aumenta a complexidade e o erro.

O paradigma das redes definidas por software (SDN) surgiu nos últimos anos como uma nova arquitetura de rede que permite a gestão flexível de redes de grande escala e altamente complexas. Tal como referido por (Jiang et al., 2022), "a SDN é uma nova abordagem para conceber, construir e gerir redes que separa o plano de controlo do plano de encaminhamento".

A ideia central das SDN consiste em separar o plano de controlo da rede (plano de controlo) do plano de encaminhamento (plano de dados). Como explicado (Jiang et al., 2022), "a premissa da SDN é simples: dissociar o plano de encaminhamento do plano de controlo para que o encaminhamento de pacotes (plano de dados) possa ser gerido independentemente de um controlador SDN centralizado. Esta separação permite que a "inteligência" da rede se concentre no controlador SDN, que tem uma visão centralizada de toda a rede. Os dispositivos de encaminhamento tornam-se mais simples, concentrando-se apenas no encaminhamento de pacotes de acordo com as regras impostas pelo controlador central.

Um dos principais factores desta arquitetura é que "os dispositivos de rede são programáveis através de interfaces bem definidas entre o plano de controlo e o plano de encaminhamento" (Alotaibi et al., 2022). Ou seja, o controlador SDN pode programar o comportamento dos comutadores e routers da rede de uma forma flexível.

É por isso que a SDN tem como objetivo fornecer aos administradores ferramentas centralizadas para programar, virtualizar e monitorizar em tempo real, permitindo a adaptabilidade da rede. A promessa inclui acelerar a evolução dos centros de dados para uma geração mais avançada, com maior escalabilidade, automatização e simplificação de tarefas. No SDN, o processamento de pacotes não depende de configurações estáticas, mas baseia-se numa estrutura dinâmica através de uma camada de software, dissociando-a da infraestrutura física.

A SDN promete tornar as redes mais ágeis e fáceis de gerir, centralizando o controlo, dissociando o plano de encaminhamento do plano de controlo e tornando os dispositivos de rede programáveis. Esta arquitetura emergente está a ser adoptada em centros de dados, fornecedores de serviços e empresas.

Definição de SDN.

A SDN adoptou uma abordagem revolucionária na conceção e gestão das redes informáticas, o que permitiu que fosse englobada em vários pontos:

Primeiro. Representação das caraterísticas de entrada.

Na representação das caraterísticas de entrada, um controlador centralizado, como componente principal, interage com dispositivos e aplicações de rede distribuídos. Todas estas entradas são a topologia da rede ou o estado dos dispositivos, que são representados de forma estruturada a fim de permitir um controlo dinâmico e centralizado da rede (Jimenez et al., 2021).

Segundo. Função de classificação.

Esta função de classificação nas SDN é conseguida através de um controlador central que calcula e gere todas as decisões numa rede. Este controlador baseia-se frequentemente em normas como o OpenFlow, que permite a tomada de decisões dinâmicas e centralizadas para funções como o encaminhamento, a afetação de recursos e a gestão de políticas (Wazirali et al., 2021).

Terceiro. Função objetiva para a aprendizagem.

As SDN têm por objetivo otimizar o desempenho e a utilização dos recursos da rede, a fim de reduzir a dependência da configuração manual ou da intervenção humana constante, permitindo uma adaptação rápida às alterações da procura de tráfego ou da topologia da rede (Pei et al., 2020).

Quarto. Algoritmo de otimização da função objetivo.

As SDN implementam diferentes tipos de algoritmos e protocolos, entre os quais o OpenFlow, que procura otimizar a função objetivo. Estes algoritmos permitem a comunicação entre o controlador SDN e os dispositivos de rede, o que facilita a tomada de decisões centralizada e dinâmica (Das e Gurusamy, 2021)).

Quinto. Fases do BDS.

A SDN está dividida em várias fases, cada uma com o seu próprio objetivo e meios de adaptação, o que é essencial para manter um desempenho ótimo em ambientes em mudança.

Sexto. Aplicações práticas.

Estes são diversos na SDN, desde a gestão eficiente de recursos e a rápida implantação de serviços até à adaptabilidade às mudanças na rede.

Sétimo. Aspectos dos testes e da avaliação.

Isto envolve a medição de métricas como a latência, a utilização da largura de banda e a eficiência dos recursos. Estes testes garantem que as SDN cumprem os objectivos de melhoria da rede e se adaptam eficazmente a diferentes cenários.

Arquitetura de rede.

A arquitetura de uma rede de dados convencional baseia-se na distinção entre dois componentes lógicos essenciais: o plano da infraestrutura, o plano de dados e o plano de controlo. Estes elementos trabalham em conjunto para garantir a conetividade e o fluxo efetivo de dados dentro da rede, desempenhando papéis específicos que são cruciais para o seu funcionamento eficiente e gestão optimizada.

Plano de infra-estruturas.

Este plano é constituído pelos dispositivos físicos de rede, como routers, switches e outros equipamentos de rede. Estes dispositivos constituem a infraestrutura sobre a qual a SDN é implementada. No contexto da arquitetura SDN, o plano da infraestrutura é responsável pela transmissão de pacotes de dados de acordo com as instruções fornecidas pelo plano de controlo.

Plano de dados.

O plano de dados é responsável pela transferência de pacotes de dados através da rede. Esta componente é constituída por dispositivos intermédios, como routers, switches e outros elementos da rede, todos eles gerados pelos utilizadores e outros cabeçalhos agregados pelas camadas do modelo OSI que transitam numa determinada rede.

A sua principal função é encaminhar e reencaminhar eficientemente os pacotes de dados da sua origem para o seu destino, seguindo regras de encaminhamento previamente definidas. No plano dos dados, os dispositivos intermédios funcionam de forma autónoma e sem intervenção externa para garantir a conetividade e o fluxo de dados na rede.

Plano de controlo.

O plano de controlo é o cérebro da rede, responsável pela gestão e coordenação das operações dos dispositivos intermédios no plano de dados. Em contraste com o plano de dados, o plano de controlo centraliza a inteligência da rede num componente conhecido como controlador. O controlador é responsável por tomar decisões de encaminhamento e gestão do tráfego na rede, bem como por se adaptar dinamicamente às condições variáveis da rede. Utilizando protocolos de comunicação como o OpenFlow, o controlador interage com dispositivos intermédios para programar o seu comportamento e garantir um funcionamento consistente da rede.

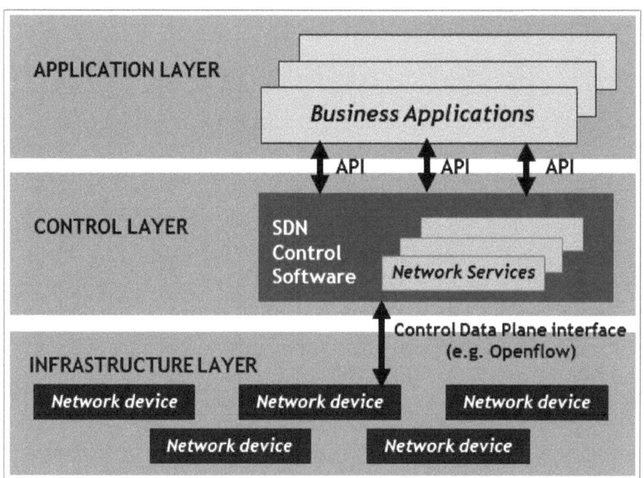

Figura 1. *Arquitetura SDN retirada de (https://www.sdxcentral.com/networking/sdn/definitions/what-the-definition-of-software-defined-networking-sdn/)*

A Figura 1 apresenta de forma lógica o funcionamento da arquitetura SDN. Pode ver-se como a rede é centralizada em controladores SDN baseados em software. Esta centralização permite que as empresas e os fornecedores de serviços de comunicações adquiram independência e controlo sobre toda a sua infraestrutura de rede a partir de um único ponto lógico, conduzindo a uma simplificação significativa da conceção e funcionamento da rede.

A abordagem centralizada das SDN tem também um impacto importante na simplificação dos dispositivos de rede. Ao contrário dos dispositivos em arquitecturas de rede convencionais, que são frequentemente sobrecarregados com a tarefa de processar numerosos protocolos normalizados, os dispositivos numa rede SDN devem simplesmente aceitar instruções dos controladores SDN. Isto permite-lhes concentrarem-se nas tarefas de encaminhamento de pacotes sem a carga adicional de processar e gerir protocolos de alto nível, o que resulta em dispositivos mais eficientes e simplificados.

Ferramentas de emulação SDN.

As ferramentas SDN são aquelas que nos permitem configurar um ambiente de simulação ou emulação de redes dentro de um mesmo sistema, o que nos permite configurar um cenário de rede através de "Topologias" e "Fluxos de Tráfego", tudo isto gerido a partir de um único computador graças a estas ferramentas, permitindo também modificações ou alterações sem ter de parar os serviços, o que é útil para verificar como estas alterações afectam o sistema.

As ferramentas SDN incluem o seguinte:

1. Mininet: Permite a criação de topologias de rede personalizadas e a emulação de redes SDN.

2. GNS3: incorpora suporte para SDN e é versátil para simulação de rede.

3. Cisco Packet Tracer: Um dos mais conhecidos na área de SDN, fornecendo uma plataforma para simulação e experimentação.

4. NS-3: Fornece um ambiente flexível e extensível para estudar o comportamento da rede.

5. Colibri: Permite realizar estudos sobre as diferentes ferramentas de emulação e simulação de arquitetura.

6. Open Network Emulator: fornece uma plataforma que permite a criação de redes virtuais complexas e suporta a emulação SDN.

7. CORE: Permite a construção de topologias complexas.

8. EstiNet: centra-se na emulação exacta de comportamentos de rede e fornece uma plataforma para testar e validar aplicações e controladores SDN.

9. OMNeT++: Fornece uma plataforma para desenvolver e testar algoritmos e protocolos de rede.

Várias destas ferramentas são de certo modo bem conhecidas, enquanto outras não o são ou têm muito pouca informação sobre o seu funcionamento, mas foram adicionadas para fins de conhecimento.

Protocolo OpenFlow.

O protocolo OpenFlow é fundamental no contexto das redes definidas por software (SDN), permitindo a gestão centralizada e programável da rede. Originalmente desenvolvido para funcionar em comutadores Ethernet, tornou-se uma norma aberta para a comunicação entre um controlador SDN e dispositivos de comutação.

A norma OpenFlow foi concebida na Universidade de Stanford em resposta à necessidade crescente de inovação nas redes, que se tinham tornado uma infraestrutura crítica. Verificou-se que a inovação nas redes era cada vez mais dificultada, o que levou à proposta de virtualização das redes, dividindo-as numa parte de produção e numa parte experimental. Foi neste sentido que surgiu o projeto OpenFlow, ainda em desenvolvimento.

O protocolo OpenFlow baseia-se em três pilares fundamentais:

- **Programabilidade:** Facilita a gestão da rede para os administradores, permitindo que as redes sejam programadas de acordo com necessidades específicas.

- **Inteligência centralizada:** Permite um melhor desempenho com base em políticas de gestão distribuídas e aprovisionamento simples através da centralização da inteligência da rede.

- **Abstração:** Evidente na separação do software e do hardware, resultando na dissociação do plano de controlo e do plano de dados.

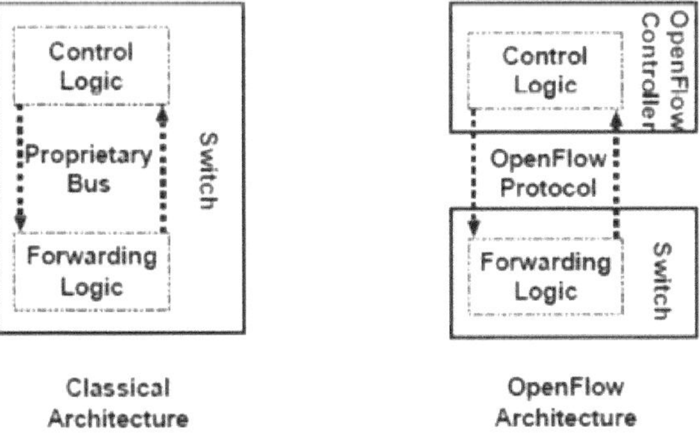

Figura 2. Arquitetura OpenFlow retirada de (Wazirali et al., 2021)

Num router ou switch clássico, a gestão do tráfego (plano de dados) e as decisões de encaminhamento de alto nível (plano de controlo) ocorrem no mesmo dispositivo. Em contrapartida, um Open vSwitch ou OpenFlow Switch separa essas duas funções. As tarefas do plano de dados residem no switch, enquanto as decisões de encaminhamento de alto nível são transferidas para um controlador isolado, geralmente um servidor padrão. A comunicação entre o Open vSwitch e o controlador é efectuada através do protocolo OpenFlow.

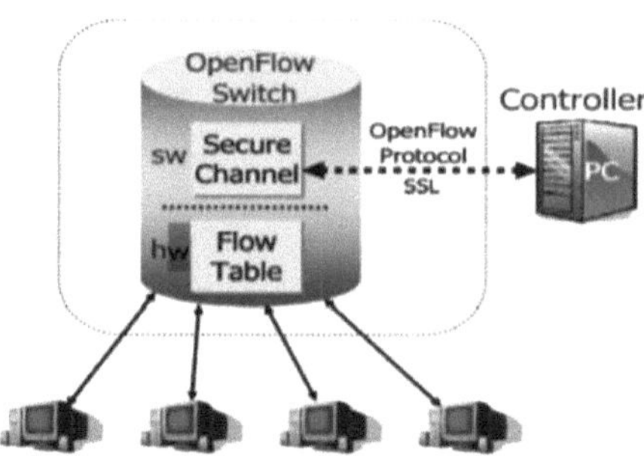

Figura 3. Arquitetura do OpenvSwitch retirada de (https://openzen.wordpress.com/2015/02/23/protocolo-openflow/)

O Open vSwitch apresenta uma abstração de tabela de fluxos limpa, em que cada entrada contém um conjunto de campos de pacotes de acordo com a topologia e uma ação correspondente. Quando um comutador OpenFlow recebe um pacote para o qual não tem entradas de fluxo correspondentes, encaminha-o para o controlador para uma decisão de tratamento. Isto permite uma arquitetura SDN granular que responde às alterações em tempo real das aplicações ou dos utilizadores.

O OpenFlow está a ser implementado como uma funcionalidade em comutadores Ethernet comerciais, routers e pontos de acesso sem fios, fornecendo uma norma para permitir experiências de investigação sem a necessidade de expor o funcionamento interno dos dispositivos de rede. Os principais fornecedores de dispositivos de rede estão a permitir este protocolo em comutadores disponíveis no mercado.

A implementação do OpenFlow como uma caraterística dos dispositivos de rede comerciais permitiu aos investigadores realizar experiências e testes sem depender dos fornecedores para aceder ao funcionamento interno dos dispositivos de rede. Isto facilitou a inovação e o desenvolvimento no domínio das redes, ao mesmo tempo que promoveu a colaboração e a partilha de conhecimentos na comunidade científica e de engenharia de redes.

A adoção do OpenFlow pelos principais fornecedores de dispositivos de rede assinala uma mudança significativa no paradigma da conceção e gestão de redes. Ao permitirem o OpenFlow nos comutadores disponíveis no mercado, estes fornecedores estão a dar aos utilizadores a capacidade de implementar e gerir redes de forma mais flexível e eficiente, adaptando-se melhor às necessidades em constante mudança das aplicações e dos utilizadores.

Mininet

O Mininet é um emulador que permite criar redes de máquinas virtuais, comutadores, controladores e ligações, implementadas num dispositivo físico que executa o kernel Linux padrão. É notável pela sua capacidade de simular roteamento personalizado altamente flexível e outros recursos de rede definida por software (SDN), graças ao seu suporte para OpenFlow em switches.

Para além da sua utilidade na investigação, desenvolvimento, aprendizagem e criação de protótipos, a Mininet proporciona um ambiente económico e eficiente para testes, depuração e outras tarefas relacionadas com a rede. A sua interface de linha de comandos (CLI) simplifica a configuração e o controlo da rede, facilitando o trabalho de vários programadores na mesma topologia.

A flexibilidade do Mininet estende-se à capacidade de criar topologias complexas sem a necessidade de hardware físico, bem como à sua API Python que permite a criação e experimentação de redes personalizadas. Essa versatilidade torna o Mininet uma ferramenta valiosa tanto para a validação do projeto quanto para a avaliação do desempenho dos sistemas SDN.

É importante notar as limitações do Mininet, como a restrição da largura de banda e da capacidade de processamento do servidor alocado, bem como a dependência de aplicações compatíveis com Linux. No entanto, a sua capacidade de executar código real em redes emuladas facilita a transição de projectos desenvolvidos no Mininet para ambientes de produção com alterações mínimas.

Para além de fornecer um ambiente virtual e um banco de ensaio para SDN, o Mininet permite que vários programadores colaborem na mesma topologia e fornece uma visão detalhada do comportamento do sistema através da emulação de redes reais.

Com a sua capacidade de simular redes complexas e executar código real, o Mininet oferece várias caraterísticas que o distinguem como uma ferramenta inestimável para o desenvolvimento e a experimentação no domínio das redes definidas por software (SDN):

- **Ambiente de teste económico:** a Mininet fornece um ambiente de teste económico ao permitir a criação de redes virtuais num dispositivo físico padrão que executa o kernel Linux. Isto elimina a necessidade de hardware dispendioso e complicado, tornando a experimentação SDN mais acessível a uma vasta gama de utilizadores, desde estudantes a profissionais da indústria.

- **Flexibilidade na criação de** topologias**:** Com o Mininet, as topologias de rede complexas podem ser facilmente criadas e modificadas sem a necessidade de ligar uma rede física. Isto permite aos utilizadores conceber e testar uma variedade de configurações de rede para se adequarem a diferentes cenários e requisitos de aplicação.

- **Suporte para vários programadores:** A Mininet permite que vários programadores trabalhem em simultâneo e de forma independente na mesma topologia de rede. Isto facilita a colaboração em projectos SDN e promove um ambiente de desenvolvimento ágil e colaborativo.

- **API Python extensível:** A API Python da Mininet facilita a criação e a experimentação de redes personalizadas. Os utilizadores podem utilizar esta API para automatizar tarefas, desenvolver novas funcionalidades e efetuar testes exaustivos nas suas aplicações SDN.

- **Transição perfeita para hardware real:** Graças à sua capacidade de executar código real e emular o comportamento de redes físicas, o Mininet permite uma transição suave do desenvolvimento e teste em ambientes emulados para a implantação em hardware real. Isso ajuda a reduzir o tempo e os custos associados à implantação de soluções SDN em ambientes de produção.

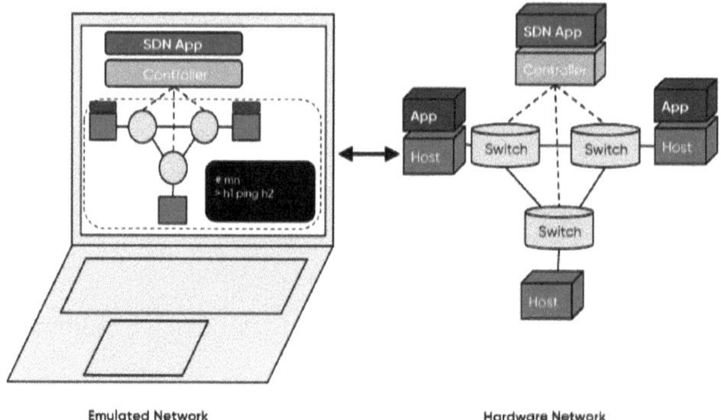

Figura 4. *Arquitetura Mininet retirada de*
(https://incyt.upse.edu.ec/ciencia/revistas/index.php/rctu/article/view/489/555)

CAPÍTULO 2

Máquinas virtuais

Uma das ferramentas que mais tem contribuído para a utilização de SDN são as máquinas virtuais. Dizer que elas são pilares fundamentais para o seu desenvolvimento contínuo não é exagero. Graças a elas, qualquer pessoa pode implementar SDN sem colocar o seu equipamento em risco devido a uma configuração incorrecta, para além da possibilidade de utilizar múltiplas máquinas que permitem a implementação de vários SDNs em simultâneo.

O seu funcionamento não é muito complicado e a sua capacidade de criar ambientes isolados e flexíveis é uma grande ajuda para a implantação eficiente de soluções SDN.

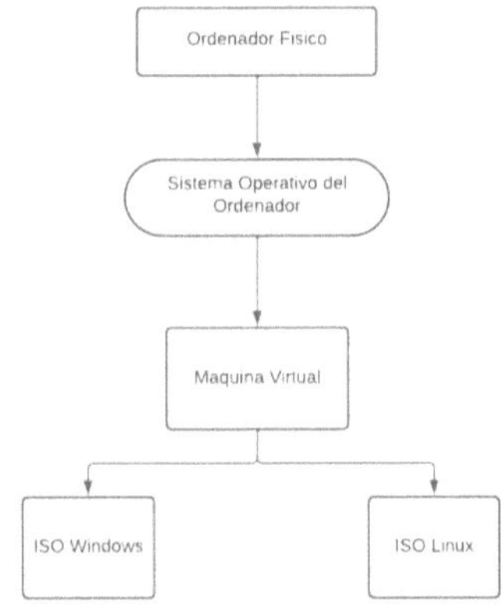

Figura 5. Infraestrutura SDN

Como podemos ver na figura 5, criar uma infraestrutura para trabalhar não é muito complicado numa máquina virtual, desde que tenhamos as peças necessárias para utilizar a ferramenta, o que nos permite geri-la de acordo com as nossas necessidades.

Fundação

No domínio da informática, os primeiros indícios de publicações no domínio das máquinas virtuais reflectem-se pela primeira vez em 1944, praticamente numa altura em que a informática não estava em voga. É um ano em que há uma publicação académica que não está diretamente relacionada com a informática, mas que, sob análise e interpretação, acende a ideia dos primeiros sinais da utilização e relação das duas palavras juntas de máquina virtual. Sob a utilização de bibliometria na base de dados Scopus pelo autor Berresford, A et al (1944) em que vem falar de uma máquina de extração de pólen, o documento vem mencionar as palavras máquina virtual, mas a utilização da palavra virtual vem ter uma definição que foi evoluindo ao longo dos anos. Nessa altura centrava-se na representação concetual de situações e decisões estratégicas em que a interpretação mais próxima era sobre uma "Simulação", estratégias e decisões que não se baseavam em acontecimentos ou condições reais; mas sim em situações teóricas ou imaginárias; sendo este o argumento de relação direta na evolução da palavra virtual mais especificamente "A máquina virtual", tendo como relação um termo específico que é a simulação pois a simulação implica imitar ou representar um sistema ou processo, muitas vezes num ambiente controlado, para compreender o seu comportamento, testar hipóteses ou em treino.

O termo "máquina virtual" tem as suas origens históricas nos anos 60, quando a IBM começou a desenvolver a tecnologia de virtualização para os seus mainframes. De acordo com Goldberg (1974), a máquina virtual é "uma duplicação eficiente e isolada da máquina física que utiliza recursos de hardware partilhados". Uma máquina que separa a essência da presença de hardware que permite a criação de um ambiente computacional que emula e se comporta como se fosse um computador real (máquina física), mas sem a necessidade de ter o hardware físico dedicado apenas a ela. Em essência, uma máquina virtual é um ambiente de software que emula um computador real e pode executar programas como se fosse um computador físico separado (Jiang e Zhou, 2013). As máquinas virtuais proporcionam uma abstração do hardware subjacente e permitem que os recursos físicos sejam partilhados entre vários ambientes virtuais isolados uns dos outros (Wang et al., 2008).

Como explica Crosby (2007), a virtualização envolve "a dissociação de um recurso de serviço da dependência física que o restringe". Neste sentido, as máquinas virtuais dissociam o hardware real dos sistemas operativos e das aplicações, permitindo assim a consolidação de múltiplas cargas de trabalho num menor número de hardware. A máquina virtual é um conceito epistemológico que designa um ambiente de software isolado e portátil que simula um sistema informático real, permitindo a execução de vários programas e sistemas operativos na mesma infraestrutura física.

Consolidação de máquinas virtuais

Ao longo dos anos, tornou-se evidente como o papel central das máquinas virtuais surgiu lenta e habilmente, trazendo uma dimensão crucial à flexibilidade e à eficiência. Agora, é necessário descrever como esta fantástica ferramenta converge com a SDN e alimenta o seu ecossistema dinâmico.

No mundo das SDN, as máquinas virtuais não se referem simplesmente a ambientes isolados, mas a elementos estratégicos que aumentam a agilidade e a adaptabilidade das redes, ou seja, são alargadas para actuarem como actores vivos no agendamento e orquestração de recursos, funcionando como catalisadores na execução de serviços e alinhando-se, em certa medida, com as exigências dinâmicas do ambiente.

No entanto, dentro desta consonância existem elementos-chave para o funcionamento desta integração, que são:

- Centralização do controlo: A centralização do controlo nas SDN encontra o seu complemento natural na capacidade de as máquinas virtuais funcionarem em ambientes isolados e responderem a comandos centralizados, criando uma sinfonia de gestão dinâmica e programação eficiente.
- Programabilidade alargada: a programabilidade, a pedra angular da SDN, estende-se às máquinas virtuais, accionando a adaptabilidade em tempo real e facilitando alterações instantâneas na rede.

Podemos também encontrar aplicações que são sintetizadas em profundidade, tais como:

- Implantação ágil de serviços: A integração de máquinas virtuais permite a implantação ágil de serviços em SDNs, desde a implantação rápida de novas funções até a adaptação instantânea a requisitos de rede em constante mudança.
- Otimização de recursos: Ao consolidar os recursos através da utilização de máquinas virtuais, podemos perceber uma eficiência operacional e, além

disso, um meio que serve de catalisador na otimização integral da rede no contexto do SDN.

- Resiliência e recuperação: ao actuarem como entidades flexíveis e replicáveis, as máquinas virtuais reforçam a resiliência da SDN, dando-nos várias opções robustas para a recuperação pós-falha e a continuidade do serviço.

As máquinas virtuais permitem implementar rapidamente novos serviços de rede em ambientes isolados através da infraestrutura SDN. Por exemplo, uma máquina virtual com uma firewall pode ser implementada em minutos sem afetar outras partes da rede. O controlador SDN pode então orquestrar e replicar esse serviço de firewall para outras áreas da rede de forma flexível, conforme necessário.

Tendo em conta todas estas funcionalidades e utilidades que as máquinas virtuais são capazes de fornecer, pode deduzir-se que é uma ferramenta suficientemente apta para explorar o mundo contínuo de possibilidades que existem no âmbito da SDN. Esta combinação de máquinas virtuais e SDN permitirá uma implantação eficaz e uma gestão eficiente das redes modernas.

Utilização da máquina virtual.

As máquinas virtuais (VM) permitem a execução de vários sistemas operativos e aplicações num único servidor físico. Cada VM tem os seus próprios componentes virtualizados, como CPU, RAM, armazenamento e nicho de rede (Díaz et al., 2021). O hipervisor ou software de virtualização cria e gere estas VM, atribuindo dinamicamente recursos e isolando-as umas das outras.

Por outro lado, as redes definidas por software (SDN) separam o plano de controlo da rede do plano de encaminhamento dos dados (Yang e Yeung, 2020). O plano de controlo é centralizado num controlador SDN programável. O plano de encaminhamento utiliza dispositivos de rede normais, mas estes passam a ser geridos e programáveis através do controlador.

As VM e as SDN complementam-se mutuamente para fornecer infra-estruturas de centros de dados flexíveis e escaláveis. O hipervisor pode criar redes virtuais isoladas para interligar as VM, enquanto o controlador SDN fornece conetividade e gestão de redes entre anfitriões físicos (Yoo et al., 2022). Em conjunto, permitem a consolidação de muitas cargas de trabalho virtualizadas num menor número de hardware físico.

Especificamente, os VCs aproveitam os recursos de SDN das seguintes maneiras:

Gestão centralizada e visibilidade global: O controlador SDN tem uma visão unificada da topologia física e virtual, simplificando operações como a monitorização, o aprovisionamento e a resolução de problemas (Aryan et al., 2022).

- Migração simplificada: as políticas e configurações de rede podem migrar juntamente com as VMs à medida que estas se deslocam entre anfitriões, sem necessidade de reconfiguração manual (Qu, 2020).
- Redes virtuais dinâmicas: Os controladores SDN podem criar e gerir redes virtuais sobrepostas para ligar VMs de uma forma flexível e ágil (Umar et al., 2021).
- Segmentação e isolamento: o tráfego da VM pode ser separado em segmentos de rede virtual distintos para segurança e isolamento.

- Balanceamento de carga: O controlador SDN tem visibilidade do tráfego entre VMs e pode distribuí-lo para otimizar o desempenho (Hamdan et al., 2021).

A virtualização e a SDN complementam-se de forma poderosa. As VM fornecem consolidação e isolamento, enquanto a SDN fornece gestão centralizada, programabilidade e conetividade flexível entre ambientes virtualizados. Esta inter-relação tem impulsionado a sua adoção conjunta em centros de dados e nuvens.

CAPÍTULO 3

LUZ DE CHÃO

O Floodlight é uma plataforma de código aberto baseada em redes definidas por software (SDN) que actua como um controlador centralizado para a gestão e configuração da rede. Este controlador foi desenvolvido por uma comunidade aberta de programadores, muitos dos quais pertencem à Big Switch Networks, que utiliza o protocolo OpenFlow para orquestrar os fluxos de tráfego num ambiente de rede definida por software (SDN).

O Floodlight é utilizado para implementar e gerir redes definidas por software, que separam o plano de controlo do plano de dados numa rede, permitindo uma maior flexibilidade, escalabilidade e controlo sobre a infraestrutura de rede.

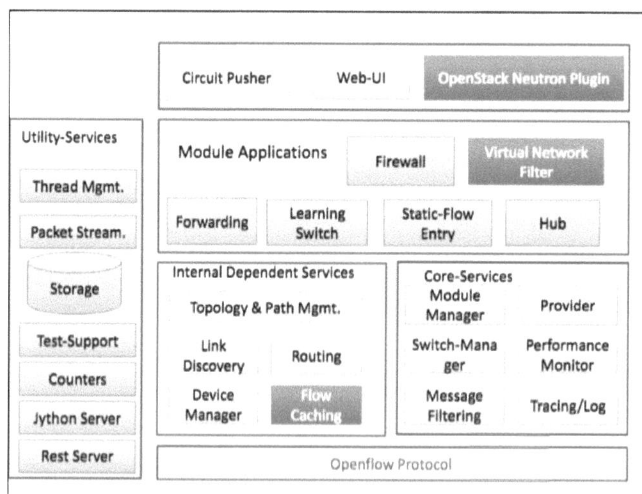

Figura 6. *Arquitetura do projetor retirada de (https://www.researchgate.net/figure/Floodlight-Architecture_fig1_345322626)*

O controlador SDN é responsável por manter todas as regras da rede e fornecer as instruções necessárias à infraestrutura subjacente sobre a forma como o tráfego deve ser tratado. Isto permite que as empresas se adaptem melhor às suas necessidades em constante mudança e tenham um melhor controlo sobre as suas redes.

Caraterísticas do projetor.

1. **Código aberto:** O Floodlight é um controlador SDN de código aberto, o que significa que o seu código fonte está publicamente disponível para inspeção, modificação e contribuição da comunidade.

2. **Baseado em Java:** o Floodlight é escrito em Java, o que o torna multiplataforma e compatível com uma vasta gama de sistemas operativos.

3. **Interface RESTful:** fornece uma interface de programação de aplicações (API) RESTful que permite aos programadores e administradores interagir com o controlador de forma programática, facilitando a automatização e a integração com outras ferramentas e sistemas.

4. **Suporte para protocolos SDN**: O Floodlight suporta vários protocolos SDN, como o OpenFlow, que permite a comunicação entre o controlador e os comutadores de rede compatíveis.

5. **Escalabilidade:** Foi concebido para ser escalável e pode lidar com redes de diferentes dimensões, desde ambientes de laboratório a implementações empresariais em grande escala.

6. **Modularidade:** O Floodlight foi concebido com uma arquitetura modular que permite uma fácil extensão e personalização através da adição de novos módulos e funcionalidades.

7. **Comunidade ativa:** Sendo um projeto de código aberto, o Floodlight tem uma comunidade ativa de programadores e utilizadores que contribuem com melhorias, correcções de erros e novas funcionalidades.

Modelo de serviço.

O Floodlight segue um modelo de serviço baseado em módulos que fornecem diferentes funcionalidades e capacidades. Estes módulos podem ser activados ou desactivados de acordo com as necessidades específicas da rede. De seguida, apresentam-se alguns dos principais módulos e serviços disponíveis no Floodlight:

- **Controlador principal**

  É o módulo principal do Floodlight que gere a lógica e as funções principais do controlador SDN. Fornece serviços básicos, como a descoberta de topologia de rede, o encaminhamento, a gestão de fluxos e a administração geral do controlador.

- **Serviço de gestão do fluxo (Serviço de gestão do fluxo)**

  Este serviço é responsável pela gestão e controlo dos fluxos de dados na rede. Permite a definição de regras de encaminhamento, políticas de qualidade de serviço (QoS) e gestão de congestionamento de tráfego.

- **Serviço de pesquisa de topologia (Topology Discovery Service)**

  Este serviço é responsável por descobrir e manter actualizadas as informações sobre a topologia da rede. Fornece informações sobre os dispositivos de rede ligados, as ligações entre eles e a estrutura geral da rede.

- **Serviço de segurança**

Este serviço trata da segurança da rede e da proteção contra ameaças. Pode incluir funções como a deteção e prevenção de intrusões, firewall e controlo de acesso à rede.

- **Serviço de virtualização (Serviço de virtualização)**

  Este serviço permite a criação e gestão de redes virtuais dentro da infraestrutura de rede física. Permite a partilha de recursos, o isolamento e a segmentação da rede, bem como a criação de ambientes de rede virtualizados.

- **Monitoring and Analytics Service (Serviço de Monitorização e Análise)**

  Este serviço é responsável pela recolha de dados e estatísticas sobre o desempenho da rede, o tráfego e outros parâmetros relevantes. Fornece ferramentas de monitorização e análise de dados em tempo real para ajudar na otimização da rede e na resolução de problemas.

Componentes.

O Floodlight, enquanto controlador SDN de código aberto, é composto por vários componentes-chave que funcionam em conjunto para fornecer funcionalidades de configuração e gestão da rede. Os principais componentes do Floodlight são descritos à seguir:

- **Controlador principal**

  É o componente central do Floodlight que gere a lógica e as funcionalidades centrais do controlador SDN. É responsável por receber e processar mensagens de dispositivos de rede, bem como por tomar decisões de encaminhamento e controlo de fluxo.

- **Módulos**

O Floodlight foi concebido com uma arquitetura modular que permite a incorporação de diferentes módulos de acordo com necessidades específicas. Estes módulos podem fornecer funcionalidades adicionais, tais como gestão de políticas, segurança, virtualização, monitorização, entre outras. Exemplos de módulos comuns incluem o módulo Flow Manager, o módulo Topology Manager, o módulo Security Manager, entre outros.

- **API (Interface de Programação de Aplicações)**

O Floodlight fornece uma API que permite aos programadores e administradores de rede interagir com o controlador. A API permite a programação e o controlo da funcionalidade do Floodlight, o que facilita a integração com outras aplicações e ferramentas.

- **Protocolo OpenFlow**

O Floodlight comunica com dispositivos de rede através do protocolo OpenFlow, que é um protocolo padrão utilizado em redes definidas por software (SDN). O protocolo OpenFlow permite que o controlador interaja com switches e routers compatíveis para controlar o fluxo de dados e tomar decisões de encaminhamento.

- **Interface de administração**

O Floodlight fornece uma interface de administração baseada na Web que permite aos utilizadores configurar e gerir a rede. Esta interface dá acesso a diferentes funcionalidades e ferramentas para a configuração e monitorização da rede.

CAPÍTULO 4

GUIA DE INSTALAÇÃO.

Máquina virtual (Virtual Box).

A máquina virtual é o mais importante, por isso é bom definir uma que cumpra os critérios necessários para poder trabalhar sem inconvenientes, neste caso utilizaremos uma das mais recomendadas, que é o VirtualBox, uma aplicação criada

```
https://www.virtualbox.org/
```

pela empresa Oracle, que ajudará a emular uma máquina independente no computador. Para instalar o VirtualBox, é necessário descarregar o instalador a partir da sua página, que pode ser encontrada abaixo.

Depois de clicar no link, ele irá redireccioná-lo para a página, que lhe permitirá descarregar o instalador que vai de acordo com o seu sistema operativo, neste caso o sistema operativo que está a utilizar é o Windows 11, pelo que o instalador de que necessita para executar o sistema é o instalador do Windows, que continua a descarregar e irá lançar um ficheiro de instalação.

Descarregar a imagem do VM Floodlight.

Para poder trabalhar com o Floodlight, é necessário dispor de um sistema operativo que se adapte às funcionalidades, serviços e dependências que pode oferecer, mas ao mesmo tempo o Floodlight fornece uma máquina virtual pré-configurada com o Mininet, o Open vSwitch e o próprio Floodlight, o que facilita a instalação e evita possíveis problemas na configuração.

Para tal, é necessário aceder à página oficial da comunidade Floodlight, que pode ser

encontrada na seguinte ligação:

Uma vez clicada a ligação, esta redireccionará para a página, na qual poderá encontrar diferentes secções, que acederá à chamada "Floodlight Controller", aqui dentro encontrará tudo relacionado com o controlador, incluindo a instalação normal, a documentação, a GUI Web, entre outros. A secção necessária será a "Floodlight VM", onde pode encontrar todo o processo de instalação fornecido pela comunidade, bem como a opção de descarregar a máquina pré-configurada, que é a que vai utilizar.

Depois disso, será descarregada uma pasta comprimida em formato *".zip"*, que terá de ser descomprimida para utilizar *o* ficheiro *".vmdk"* do Floodlight. Uma vez descomprimido o ficheiro, abra o programa *"VirtualBox"*.

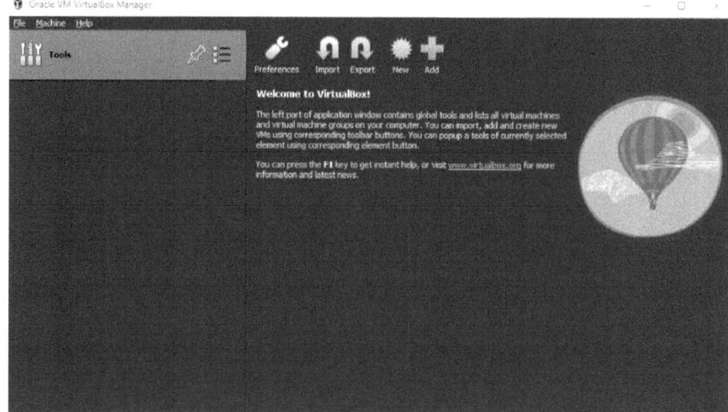

Figura 7. Ambiente do VirtualBox

Depois de abrir o programa *"VirtualBox"*, procure o botão *"Novo"* para criar uma máquina virtual.

Figura 8. *Caixa de opções do VirtualBox*

Depois de encontrar esta opção, clique nela e será aberta a seguinte janela:

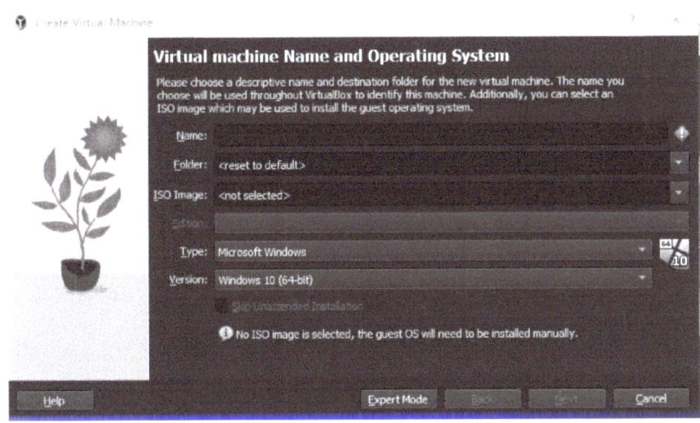

Figura 9. *Criação de máquina virtual*

Uma vez lá dentro, procure o botão *"Expert Mode"* na parte inferior da janela e clique nele.

.

Figura 10. *Criação de máquina virtual (opção Modo especialista)*

Uma vez clicado, mostrará outras secções da secção anterior, que terão o seguinte aspeto:

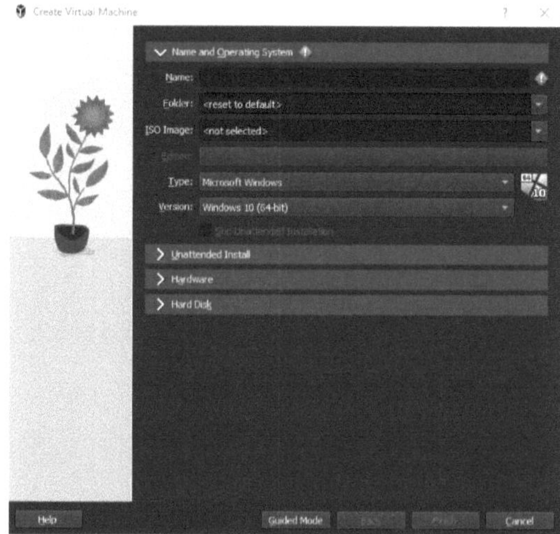

Figura 11. *Modo especialista do VirtualBox*

De seguida, procede-se à adição de um nome à máquina virtual, apesar de irmos utilizar uma máquina virtual pré-configurada, o processo de implementação à *"VirtualBox"*, para sua posterior utilização, é como se estivéssemos a criar uma máquina de raiz, uma vez que é um ficheiro *".vmdk"*, que está a ser utilizado e não um backup, como acontece quando se trata de um OVA.

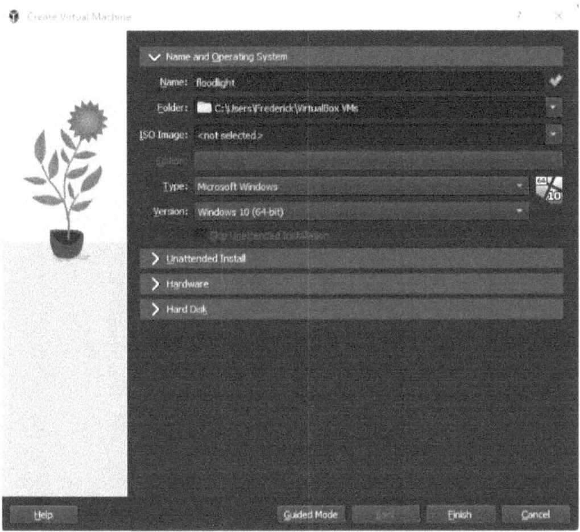

Figura 12. VirtualBox em modo especialista (seleção de nome)

De seguida, procede-se à escolha do tipo de sistema e da versão, neste caso vamos usar o tipo *"Linux"*, uma vez que vamos usar um sistema baseado em *"Linux"* e finalmente na versão escolhemos *"Ubuntu"*, como se pode ver.

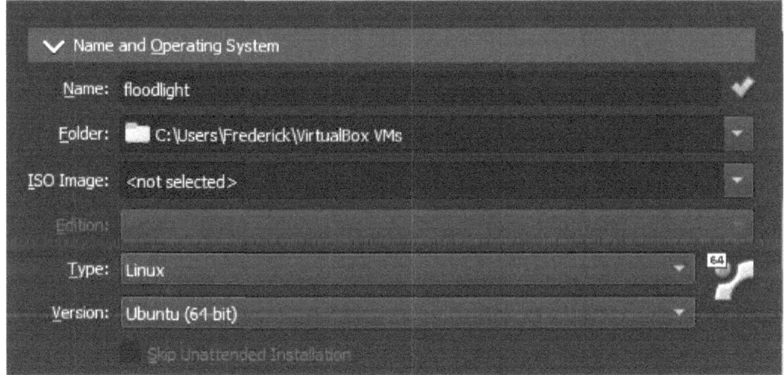

Figura 13. Expert Mode VirtualBox (Seleção do tipo de sistema)

Agora, na secção *"Hard Disk" (Disco rígido)*, selecione a seguinte opção.

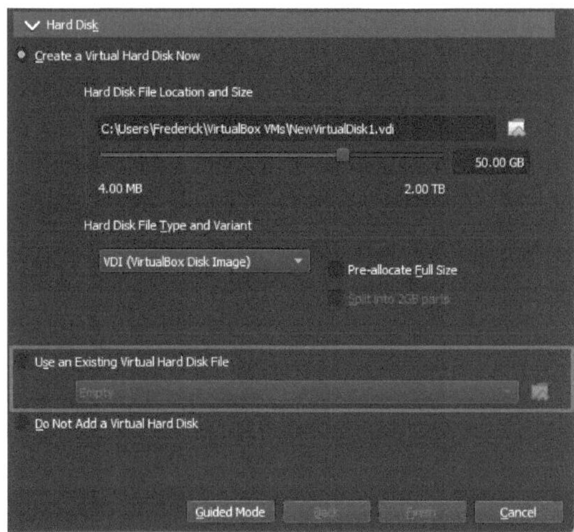

Figura 14. VirtualBox em modo especialista (disco rígido)

Depois de marcarem a opção, cliquem no botão de pesquisa e abrir-se-á outra janela, como se pode ver abaixo.

Figura 15. Interface do disco rígido

Neste separador, clique no ícone do disco *"Adicionar"*.

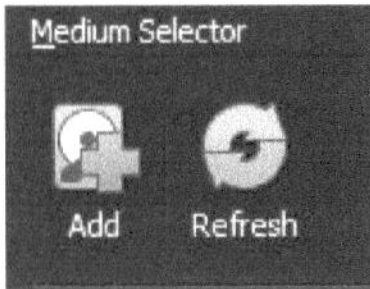

Figura 16. Interface do disco rígido (caixa de opções)

Agora, quando se clica no botão, aparece uma nova janela onde o ficheiro *".vmdk"* do Floodlight tem de ser procurado e selecionado.

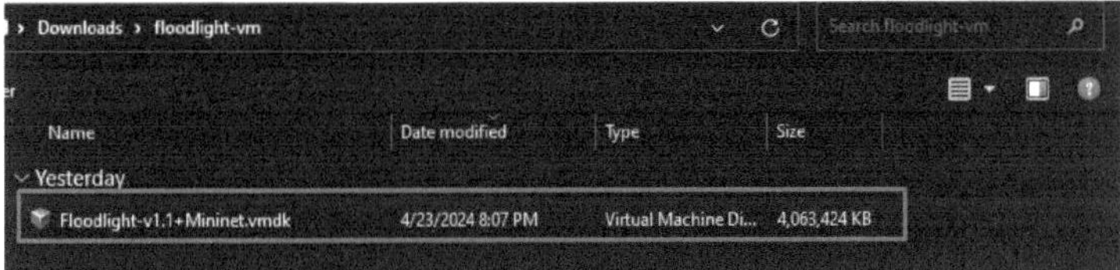

Figura 17. Ficheiro do projetor

Uma vez selecionada, aparecerá na janela aberta anteriormente, como pode ver abaixo.

Figura 18. *Interface do disco rígido - Seleção*

Aqui, clique em *"Escolher"* e este permanecerá selecionado na secção do disco, como se pode ver.

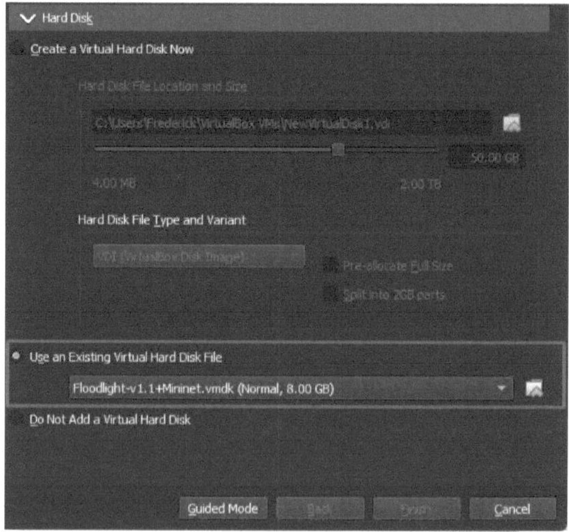

Figura 19. *VirtualBox Expert Mode (Disco Rígido) #2*

Depois de tudo isto estar feito, a configuração estará pronta e deve clicar no botão *"Finish"* (*Concluir*), o que criará imediatamente a máquina virtual Floodlight com todas as suas pré-configurações, como pode ver.

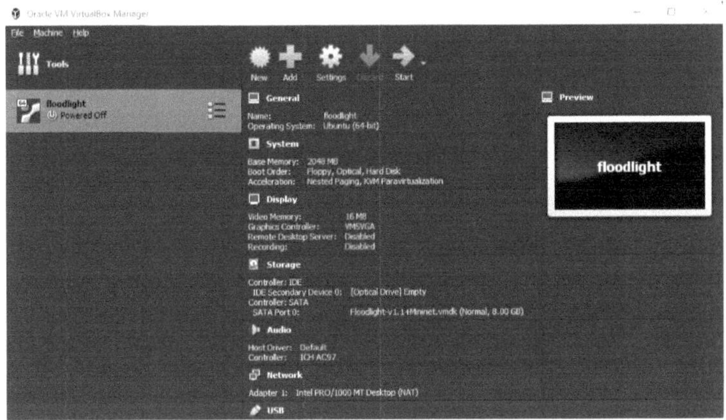

Figura 20. *Ambiente VirtualBox - Projetor*

Finalmente, a máquina virtual é aberta para verificar se tudo está em condições óptimas e se funciona sem qualquer problema.

Figura 21. *Máquina virtual de holofotes*

Como se pode ver, o ambiente dedicado Floodlight foi executado da melhor forma, mas pode surgir um problema ao abrir, como se mostra abaixo.

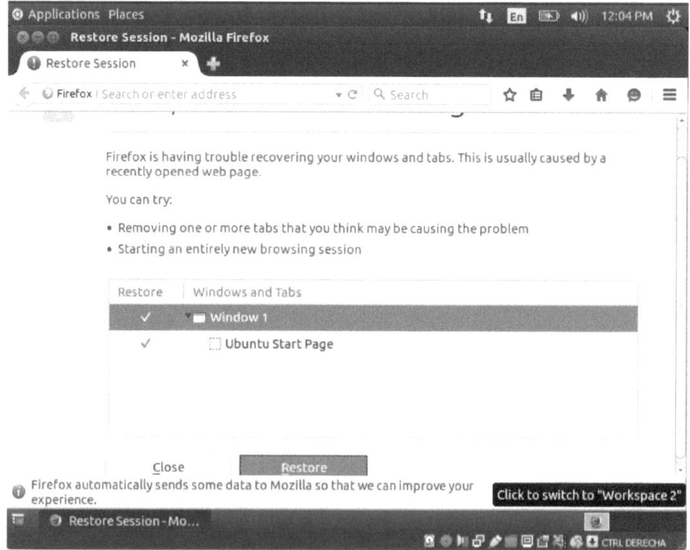

Figura 22. *Navegador - Ambiente de holofotes*

Este problema pode ser simplesmente ignorado, uma vez que não é relevante e não afecta os procedimentos seguintes. O ambiente tem um nome de utilizador e uma palavra-passe predefinidos, que são *"floodlight"*.

Preparação do ambiente.
Para iniciar a preparação do ambiente, é necessário ir para o terminal ou consola do ambiente Floodlight, para isso é necessário ir para a secção *"Aplicação"*.

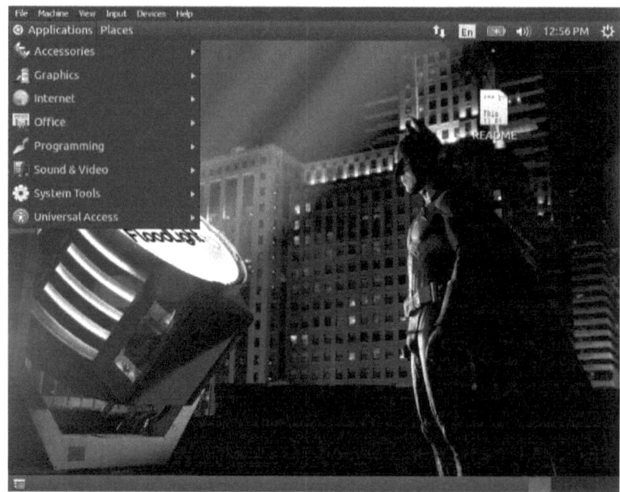

Figura 23. *Máquina virtual de projectores (aplicações)*

Agora, será necessário ir à secção principal da máquina virtual e é necessário *"clicar com o botão direito do rato"* na máquina virtual criada anteriormente e, em seguida, ir à secção *"definição"* ou *"configuração"*.

Figura 24. *Ambiente do VirtualBox (Configuração da máquina)*

É-lhe apresentada uma secção como a que se segue:

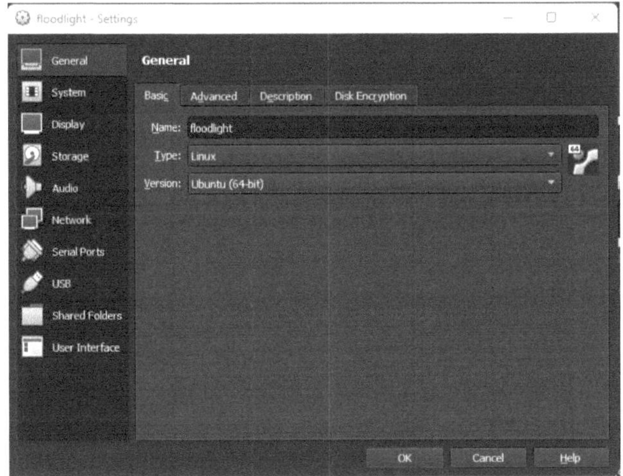

Figura 25. *Ambiente de configuração da máquina virtual*

Uma vez aqui, vá para a secção *"rede"*, como indicado abaixo:

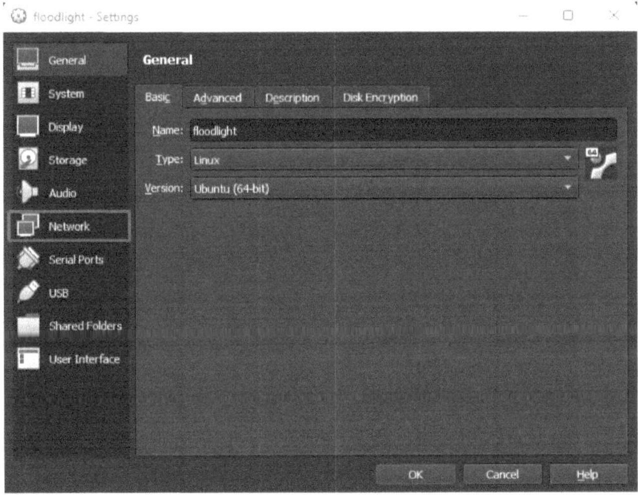

Figura 26. *Ambiente de Configuração da Máquina Virtual (Geral)*

Uma vez aqui, altere a ligação "NAT" para a ligação "Bridged adapter". Depois de o ter feito, ser-lhe-ão apresentadas algumas opções como as mostradas abaixo:

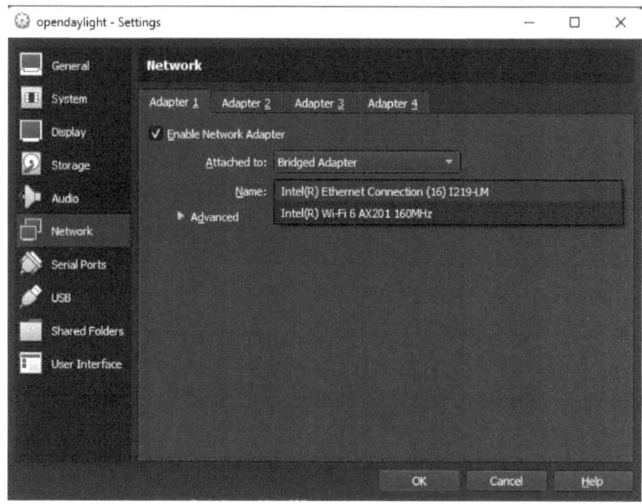

Figura 27. Ambiente de Configuração da Máquina Virtual (Rede)

Estas opções não serão as mesmas para todos e podem aparecer mais do que uma, o importante é que uma vez que as opções são apresentadas é importante saber que a opção *"Ligação Ethernet"* é para computadores ligados diretamente por cabo ao router e a *"Ligação Wi-Fi"* é para aqueles que estão ligados sem fios, é importante escolher a opção com base nisto, depois de ter explicado isto, vamos proceder à escolha da primeira opção, uma vez que o computador onde está atualmente a trabalhar, é por ligação direta.

Depois de ter feito isto, deve voltar a abrir a máquina virtual. Caso a tenha aberto quando fez esta parte, tem de a reiniciar.

Agora, depois de ter feito tudo isso, é necessário ir ao menu *"Aplicação"* dentro do ambiente do Floodlight e selecionar a opção *"Acessórios"* e depois *"Terminal"*.

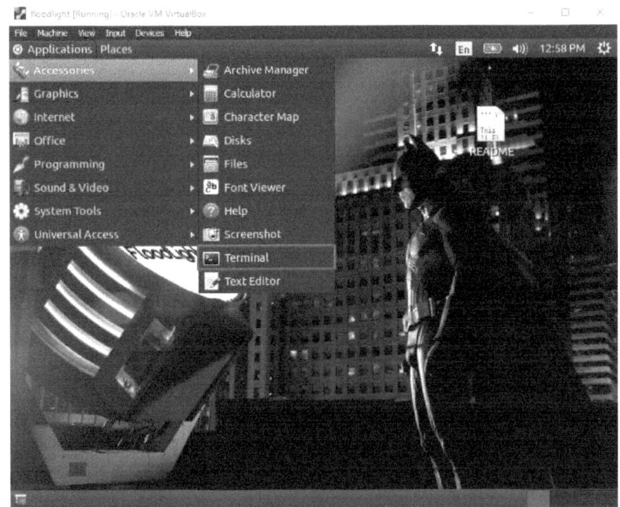

Figura 28. *Caixa de opções do projetor (terminal)*

Depois disso, é necessário digitar o seguinte comando:

```
$ ifconfig
```

Este comando, utilizado para apresentar informações sobre as interfaces de rede no sistema, pode incluir endereços IP, endereços MAC, estado da interface e muito mais.

```
floodlight@floodlight: ~
File Edit View Search Terminal Help
floodlight@floodlight:~$ ifconfig
eth0      Link encap:Ethernet  HWaddr 08:00:27:ed:58:b4
          inet addr:192.168.1.235  Bcast:192.168.1.255  Mask:255.255.255.0
          inet6 addr: 2800:e6:4010:e9c0:a00:27ff:feed:58b4/64 Scope:Global
          inet6 addr: 2800:e6:4010:e9c0:6ce3:bc85:6c4:6b73/64 Scope:Global
          inet6 addr: fe80::a00:27ff:feed:58b4/64 Scope:Link
          UP BROADCAST RUNNING MULTICAST  MTU:1500  Metric:1
          RX packets:668 errors:0 dropped:0 overruns:0 frame:0
          TX packets:655 errors:0 dropped:0 overruns:0 carrier:0
          collisions:0 txqueuelen:1000
          RX bytes:89800 (89.8 KB)  TX bytes:64143 (64.1 KB)

lo        Link encap:Local Loopback
          inet addr:127.0.0.1  Mask:255.0.0.0
          inet6 addr: ::1/128 Scope:Host
          UP LOOPBACK RUNNING  MTU:65536  Metric:1
          RX packets:2321 errors:0 dropped:0 overruns:0 frame:0
          TX packets:2321 errors:0 dropped:0 overruns:0 carrier:0
          collisions:0 txqueuelen:0
          RX bytes:131415 (131.4 KB)  TX bytes:131415 (131.4 KB)

floodlight@floodlight:~$
```

Figura 29. *Terminal do projetor (ifconfig)*

Como pode ver, é-lhe mostrada a secção da máscara de rede correspondente à ligação que está a utilizar, que pode variar, neste caso é *"192.168.1.235"*.

Agora, abrirá imediatamente o terminal, onde digitará o seguinte comando:

```
$ cd projetor
```

Este comando é utilizado para mudar o diretório atual do terminal para o diretório em questão, que é *"floodlight"*.

Figura 30. *Terminal do projetor (pasta do projetor)*

Depois de digitar o comando e ir para a pasta *"floodlight"*, digite o comando seguinte:

```
$ ant
```

Este comando é utilizado para invocar a ferramenta *"Apache Ant"*, que é uma ferramenta de automatização de construção utilizada em projectos Java como o Floodlight.

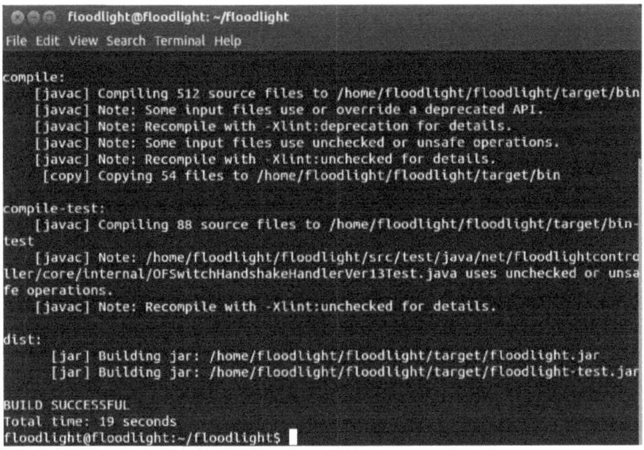

Figura 31. *Terminal do projetor (Formiga Apache)*

A execução desse comando executará várias tarefas, como compilar o código-fonte, gerar arquivos JAR, testar e assim por diante. Estas tarefas dependem de como o ficheiro build.xml está configurado no projeto Floodlight. Saberá que a execução terminou quando retornar *"BUILD SUCCESSFUL"*, como mostrado na figura.

Agora, digite o seguinte comando:

```
$ java -jar target/floodlight.jar
```

Este comando é utilizado para executar o ficheiro JAR gerado após a construção do projeto Floodlight. Este comando inicia a aplicação e executa-a na máquina virtual Java (JVM).

Figura 32. Execução do ficheiro JAR

Depois de introduzir o comando, este permanecerá em execução no terminal que está a utilizar, pelo que é necessário abrir um novo terminal e, assim que este abrir, escrever o seguinte comando:

```
$ sudo apt install mininet
```

Este comando é utilizado para instalar a ferramenta Mininet que permite criar redes virtuais.

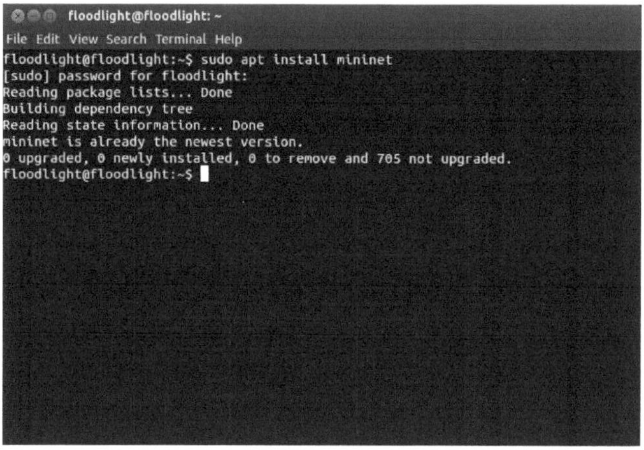

Figura 33. Instalação do Mininet

Embora a máquina pré-configurada venha com o *"Mininet"*, pode por vezes apresentar erros, pelo que é necessário reinstalar para evitar futuros erros à medida que avança no ambiente Floodlight.

Em seguida, proceder para testar se o *"Mininet"* foi corretamente instalado com o seguinte comando:

```
$ sudo mn
```

Este comando é utilizado para entrar na shell *"Mininet"*, onde pode interagir com a topologia da rede e executar comandos para configurar e testar diferentes aspectos da rede emulada.

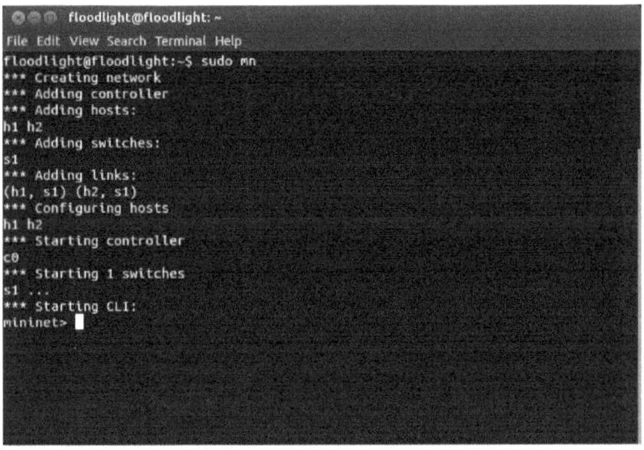

Figura 34. Execução do Mininet

Depois disso, digite o seguinte comando:

```
$ sudo mn --topo linear,3 --mac --controller=remote,ip=192.168.1.235,port=6653 --switch ovs,protocols=OpenFlow13
```

Este comando é utilizado para iniciar a emulação de uma rede utilizando o Mininet e ligá-la a um controlador Floodlight na porta designada, que neste caso é *"6653"*.

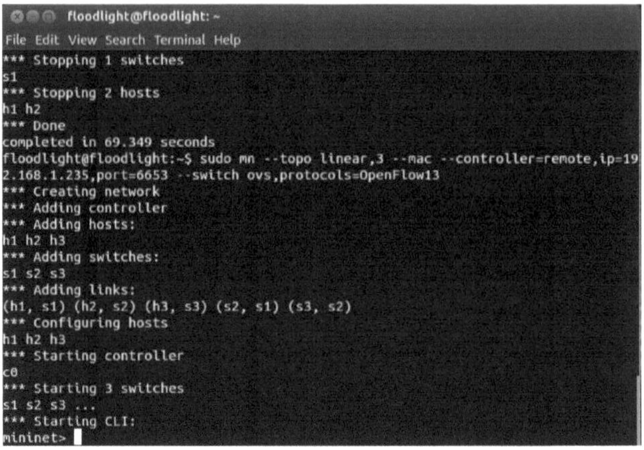

Figura 35. *Criação de topologia*

Uma vez introduzido o comando, verifique se a topologia foi criada com sucesso. É de notar que na secção *"ip"*, deve introduzir o IP da máscara de rede que corresponde à sua máquina.

Por fim, digite o seguinte comando:

```
$ pingall
```

Este comando é usado no ambiente Mininet para enviar um pacote de ping de cada host para todos os outros hosts na topologia da rede virtual.

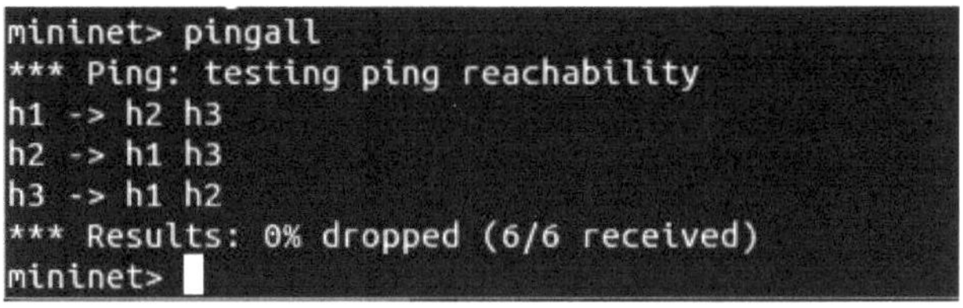

Figura 36. *Teste de pacotes*

Depois de ter feito isto, abra o browser e vá novamente à secção *"Aplicações"*.

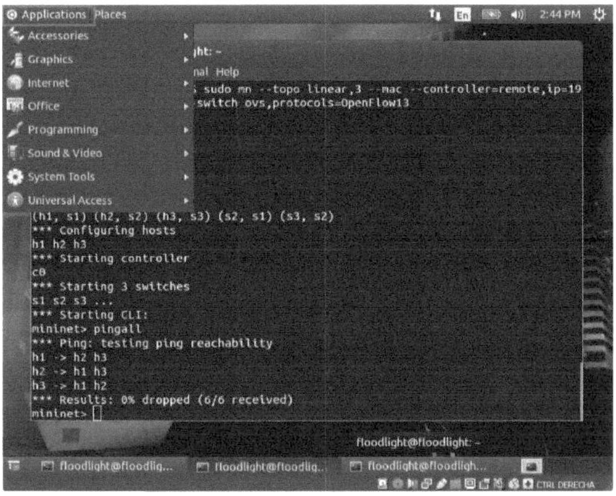

Figura 37. *Máquina Virtual Floodlight (Aplicações) #2*

Uma vez aqui, vá para a secção *"Internet"* e depois para o browser.

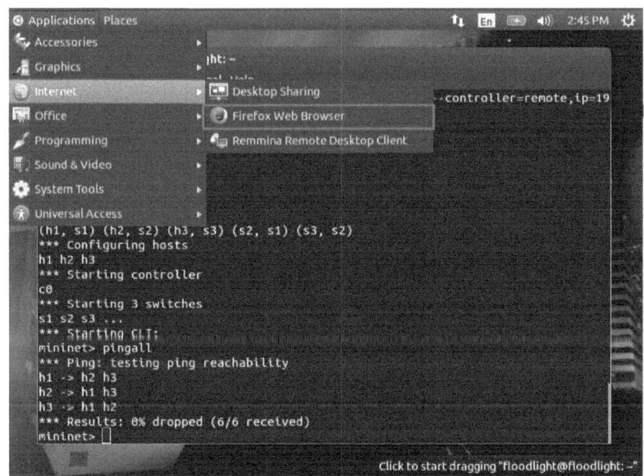

Figura 38. *Caixa de opções do projetor (Navegador)*

Quando o browser estiver aberto, escreva a seguinte ligação.

```
$ localhost:8080/ui/index.html
```

Depois de ter introduzido a ligação, deverá ser redireccionado para a secção seguinte.

Figura 39. *Interface do Floodlight UI*

A ligação acima remete para a página inicial do painel de administração Web do Floodlight.

Quando executar o Floodlight e aceder a este URL no seu browser, deverá conseguir ver a interface de utilizador (IU) do painel de administração do Floodlight. A partir daí, pode configurar e gerir o controlador do Floodlight, bem como visualizar informações sobre a rede OpenFlow, topologias e fluxos.

É importante notar que este URL pressupõe que configurou o Floodlight para ser executado na sua máquina local (localhost) e na porta 8080. Certifique-se de que o controlador do Floodlight está a ser executado e de que introduziu corretamente o URL no seu browser para aceder à interface de utilizador do Floodlight, caso encontre um erro.

A interface do utilizador do painel de administração Web do Floodlight. Ao aceder a esta página, encontrará várias funcionalidades e secções que lhe permitem gerir e configurar o controlador Floodlight. O seguinte descreve algumas das funcionalidades comuns que pode encontrar nesta página:

- **Painel de controlo:** O painel de controlo inicial fornece uma visão geral da rede, incluindo estatísticas, eventos e outros dados relevantes.

- **Topologia da rede:** Pode ver uma representação gráfica da topologia da rede que o Floodlight está a gerir. Isto inclui os comutadores, as ligações e os anfitriões ligados.

- **Gestão de** comutadores**:** Pode visualizar e gerir os comutadores OpenFlow ligados ao controlador Floodlight. Isto implica ver o seu estado, configurá-los, modificar os seus fluxos de regras e muito mais.

- **Definições do controlador:** Pode ajustar as definições do controlador do Floodlight, tais como os endereços IP e as portas utilizadas, as definições de segurança e outras opções específicas.

- **Monitorização e estatísticas:** Pode obter informações detalhadas sobre o tráfego de rede, estatísticas de comutação, desempenho e outros dados relevantes.

- **Fluxos de regras:** Pode examinar e configurar fluxos de regras OpenFlow nos comutadores geridos pelo Floodlight. Isto inclui a visualização, edição e criação de fluxos para controlar o comportamento da rede.

Estas são apenas algumas das funcionalidades que pode encontrar na interface de utilizador do Floodlight. A página fornece uma forma conveniente de gerir e monitorizar o controlador Floodlight e o seu ambiente de rede.

Agora, anteriormente, foi criada uma topologia linear de 3 hosts, o Floodlight permite-nos ver esta tipologia de uma forma visual, para isso, a partir da Interface de Utilizador do controlador acedemos à secção denominada *"Topologia"*.

Figura 40. *Interface do Floodlight UI #2*

Uma vez clicado, redirecciona-nos imediatamente para a secção de topologia e encontraremos a topologia que foi criada anteriormente.

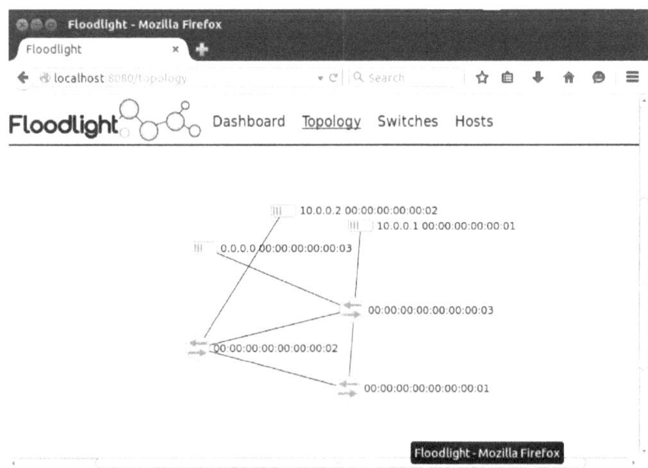

Figura 41. *Interface do Floodlight UI - Topologia*

Como podemos ver, a topologia que foi criada por nós é exibida perfeitamente. Além disso, também é possível fazer ping entre eles e testar a conetividade entre os hosts da rede emulada com o seguinte comando.

```
$ h1 ping h2
```

```
mininet> h1 ping h2
PING 10.0.0.2 (10.0.0.2) 56(84) bytes of data.
64 bytes from 10.0.0.2: icmp_seq=1 ttl=64 time=2.99 ms
64 bytes from 10.0.0.2: icmp_seq=2 ttl=64 time=0.143 ms
64 bytes from 10.0.0.2: icmp_seq=3 ttl=64 time=0.033 ms
64 bytes from 10.0.0.2: icmp_seq=4 ttl=64 time=0.036 ms
64 bytes from 10.0.0.2: icmp_seq=5 ttl=64 time=0.038 ms
64 bytes from 10.0.0.2: icmp_seq=6 ttl=64 time=0.025 ms
64 bytes from 10.0.0.2: icmp_seq=7 ttl=64 time=0.039 ms
```

Figura 42. *Teste de Pacote #2*

Como podemos ver, a conetividade entre os anfitriões da rede é bem sucedida. Para terminar de testar a conetividade, efectuamos o seguinte atalho no sistema.

```
$ ctrl + c
```

Isto irá cancelar imediatamente o teste de conetividade, agora digite o seguinte

```
$ sair
```

comando para sair do *"Mininet"*.

Depois disso, se voltar à secção *"Topologia"*, verá o seguinte:

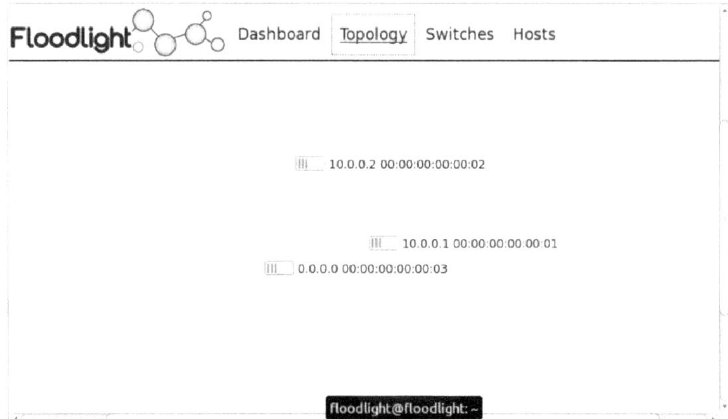

Figura 43. *Interface do Floodlight UI - Topologia #2*

Como se pode observar, ao sair da secção *"Mininet"*, a topologia criada anteriormente desapareceu, ou seja, deixou de receber a ligação que tinha.

Agora vamos tentar fazer um teste com uma topologia diferente, para isso é necessário digitar o seguinte comando.

```
$ sudo mn --controlador=remoto, ip=192.168.1.235,port=6653 --switch ovsk,
protocolos=OpenFlow13
```

Uma vez digitado o comando, podemos ver a seguinte topologia na secção *"Topology" (Topologia)*

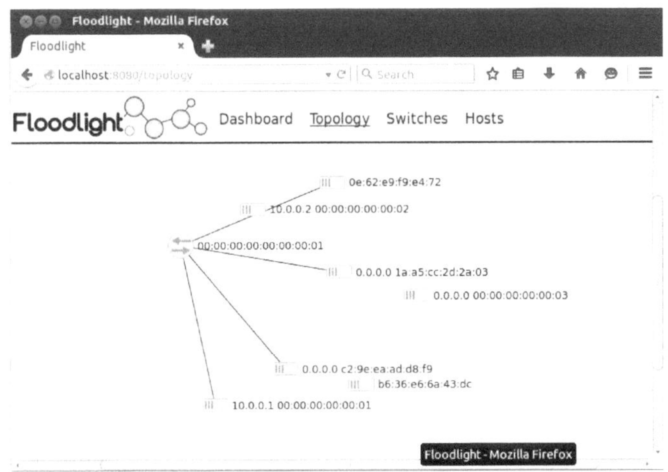

Figura 44. *Interface do Floodlight UI - Topologia #3*

Esta nova topologia, ao contrário da anterior, não especifica uma topologia de rede específica, pelo que se inicia uma topologia básica com um único comutador e dois anfitriões, podendo-se também tentar efetuar um teste de conetividade.

```
$ h1 ping h2
```

```
mininet> h1 ping h2
PING 10.0.0.2 (10.0.0.2) 56(84) bytes of data.
64 bytes from 10.0.0.2: icmp_seq=1 ttl=64 time=1.39 ms
64 bytes from 10.0.0.2: icmp_seq=2 ttl=64 time=0.111 ms
64 bytes from 10.0.0.2: icmp_seq=3 ttl=64 time=0.026 ms
64 bytes from 10.0.0.2: icmp_seq=4 ttl=64 time=0.030 ms
```

Figura 45. *Teste de Pacote #3*

Como podemos ver, a conetividade também é executada corretamente, e pode mesmo ser feita ao contrário, com o comando.

```
$ h2 ping h1
```

```
mininet> h2 ping h1
PING 10.0.0.1 (10.0.0.1) 56(84) bytes of data.
64 bytes from 10.0.0.1: icmp_seq=1 ttl=64 time=0.021 ms
64 bytes from 10.0.0.1: icmp_seq=2 ttl=64 time=0.030 ms
64 bytes from 10.0.0.1: icmp_seq=3 ttl=64 time=0.030 ms
64 bytes from 10.0.0.1: icmp_seq=4 ttl=64 time=0.026 ms
```

__Figura 46.__ Teste de Pacote #4

Agora o anfitrião *"h2"* envia pacotes de ping para o anfitrião *"h1"* e o anfitrião "h1" responde com sucesso.

CAPÍTULO 5

UTILIZAÇÃO DE PROJECTORES

Agora que o ambiente do Floodlight foi bem executado, é possível fazer uso das capacidades que esta framework pode fornecer ao utilizador. Por exemplo, ao criar topologias, anteriormente foi observado como ao criá-las, estas podiam ser observadas na interface de utilizador que o Floodlight fornecia, será feito exatamente o mesmo, mas com diferentes tipos de topologias, que serão observadas e depois esses resultados serão mostrados na interface.

Anteriormente, foi testada uma topologia básica em que a rede era simples, com três

```
$ sudo mn --topo linear,4 --mac --controller=remote,ip=192.168.1.235,port=6653
--switch ovs,protocols=OpenFlow13
```

anfitriões e um comutador, mas esta pode ser alargada, por exemplo.

Este comando expandirá o intervalo da topologia de 3 para 4, o que exibirá algo semelhante ao que pode ser visto abaixo.

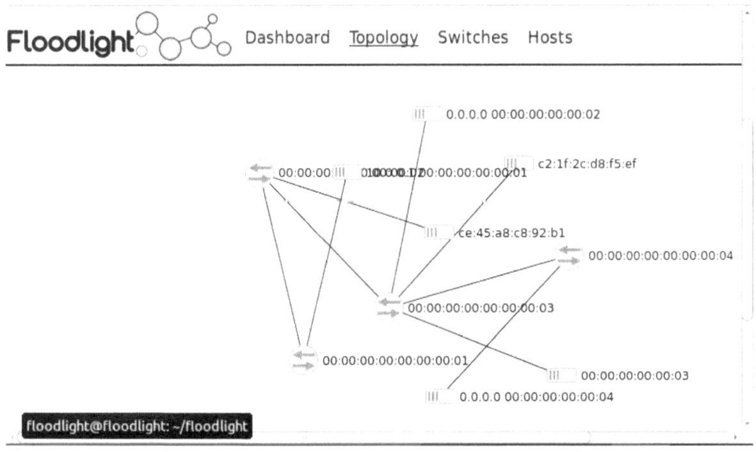

Figura 47. Interface do Floodlight UI - Topologia #3

Como se pode ver nesta topologia, existe um switch central e três hosts ligados a ele, ao contrário da anterior em que existiam três hosts e um switch, que não estava centralizado.

Agora, novamente será feito um incremento para ver o que pode acontecer com a topologia, para isso será necessário aumentar mais uma vez o valor da topologia no

```
$ sudo mn --topo linear,5 --mac --controller=remote,ip=192.168.1.235,port=6653
--switch ovs,protocols=OpenFlow13
```

comando como mostrado abaixo.

Depois de digitar o comando, irá novamente para o ambiente do Floodlight e, na secção de topologia, verá o seguinte:

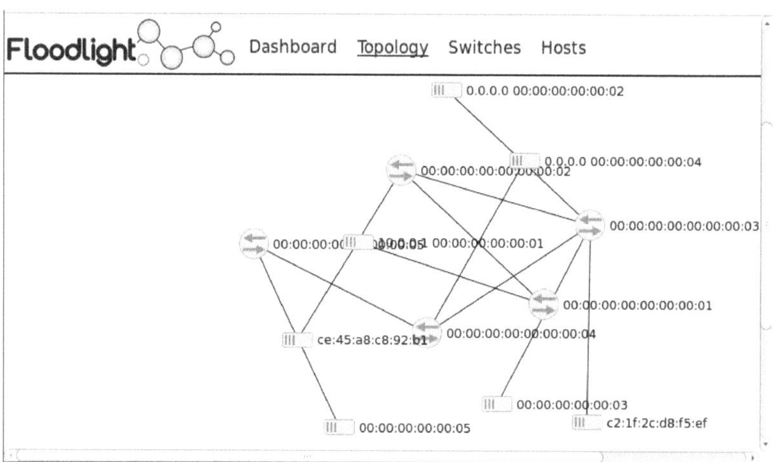

Figura 48. *Interface do Floodlight UI - Topologia #4*

Nesta Topologia, aumentamos o valor de 4 para 5 e podemos ver que temos cinco comutadores e quatro anfitriões, em que cada anfitrião está ligado a um comutador diferente.

Também é possível criar e visualizar topologias em árvore, digitando o seguinte comando.

```
sudo mn -topo tree, depth=2,fanout=2 -mac -controller=remote,ip=192.168.1.235,port=6653
-switch ovs,protocols=OpenFlow13
```

Depois de digitar o comando, irá novamente para o ambiente Floodlight na secção de topologia e verá o seguinte:

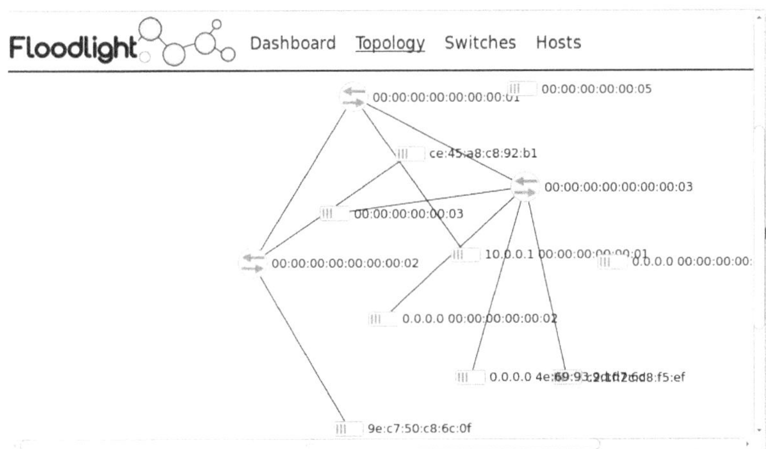

Figura 49. *Interface UI do projetor - Topologia #5*

Aqui pode ver a topologia criada acima, que consiste num comutador de raiz e quatro comutadores secundários, cada um com um anfitrião ligado.

Já vimos como se podem criar topologias lineares e em árvore, mas também é possível criar topologias personalizadas, e para isso é necessário ter em conta que para as criar é necessário ter um ficheiro Python com as especificações da topologia.

Por exemplo.

Temos o seguinte código.

```python
from mininet.topo import Topo

classe MyTopology(Topo):
    def __init__(self):
        Topo.__init__(self)

        # Adicionar interruptores
        switch1 = self.addSwitch('s1')
        switch2 = self.addSwitch('s2')

        # Adicionar anfitriões
        host1 = self.addHost('h1')
        host2 = self.addHost('h2')

        # Ligação de comutadores e anfitriões
        self.addLink(host1, switch1)
        self.addLink(host2, switch2)
        self.addLink(switch1, switch2)

topos = {'mytopo': (lambda: MyTopology())}
```

Neste código pode ver-se que está a ser criada uma topologia básica como as vistas anteriormente e isto pode ser evidenciado pelo pequeno número de comutadores e hospedeiros que este código tem. Uma vez escrito o código, este terá de ser guardado como um ficheiro *".py"*, isto porque se trata de um código Python, uma vez que o Mininet só aceita a linguagem Python.

O nome do ficheiro pode ser qualquer coisa, desde que termine em *".py"*, depois disso será guardado na pasta Floodlight, que pode ser encontrada na secção seguinte.

Figura 50. Aplicações - Projetor

Depois de entrar em *"Acessórios"*, vá para a secção *"Ficheiros"*.

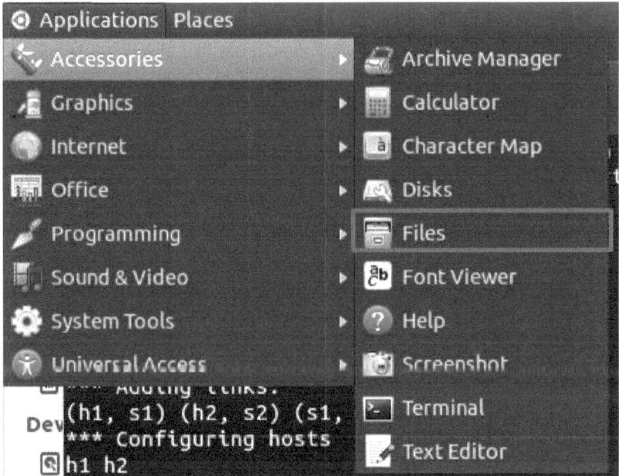

Figura 51. Caixa de opções do projetor (ficheiros)

Quando clicarmos na secção *"Ficheiros"*, abre-se uma janela como a que se segue.

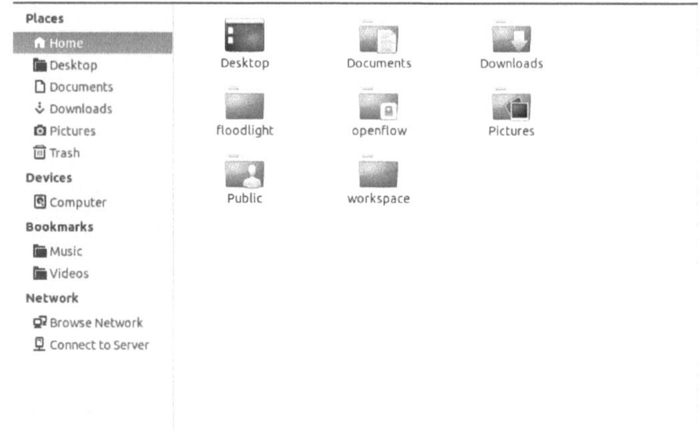

Figura 52. Gestor de tarefas - Projetor

Nesta secção, pode encontrar a pasta Floodlight onde o ficheiro será guardado para ser executado mais tarde. Neste caso, o ficheiro chama-se *"mytopo.py"* e, no terminal, deve escrever o seguinte comando:

```
sudo mn --custom mytopo.py --topo mytopo --mac --controller=remote,
ip=192.168.1.235,port=6653 --switch ovs,protocols=OpenFlow13
```

Este comando carrega a topologia definida no ficheiro criado *"mytopo.py"* e utiliza-a para criar a rede no Mininet, obtendo como resultado o seguinte

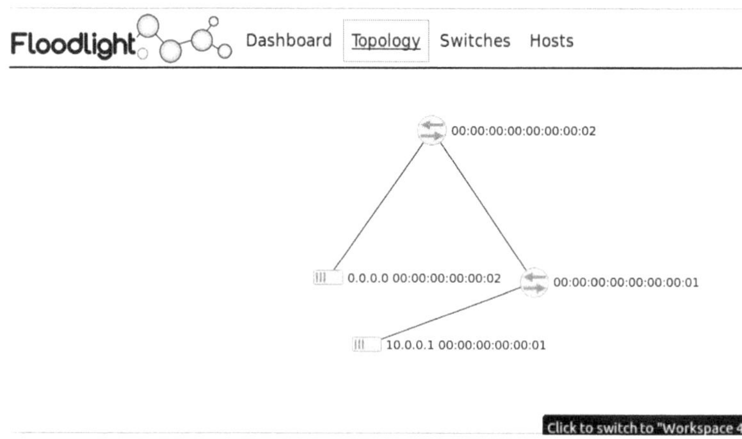

Figura 53. Interface UI do projetor - Topologia #6

Isto terá criado uma topologia personalizada em que cada anfitrião está ligado ao seu comutador de acordo com a configuração efectuada no código Python.

Também é possível personalizar as ligações, para o que será efectuado o seguinte exercício.

- Será criada uma topologia com quatro comutadores e cinco anfitriões, em que algumas ligações têm uma largura de banda limitada e outras têm uma latência acrescida.

Para isso, será necessário criar uma topologia com ligações personalizadas no Mininet, o comando *"-link"* será usado para especificar algumas das caraterísticas das

```
sudo mn --topo linear,4 --link tc,bw=10 --link tc,delay=5ms --link tc,bw=20 --link
tc,delay=10ms
```

ligações entre os nós. Isto será feito digitando o seguinte comando.

Depois de digitar o comando, irá novamente para o ambiente Floodlight na secção de topologia e verá o seguinte:

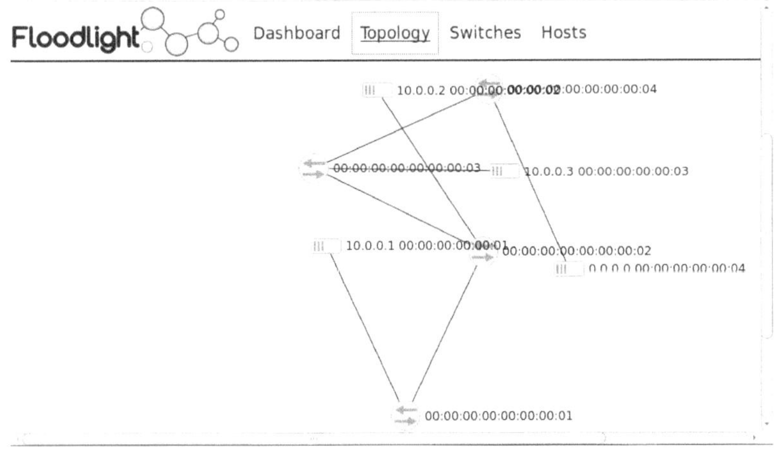

Figura 54. Interface UI do projetor - Topologia #7

Pode verificar se funcionou fazendo um teste de pacotes e isso pode ser feito entre os diferentes anfitriões que tem, como pode ver abaixo.

```
PING 10.0.0.4 (10.0.0.4) 56(84) bytes of data.
64 bytes from 10.0.0.4: icmp_seq=1 ttl=64 time=107 ms
64 bytes from 10.0.0.4: icmp_seq=2 ttl=64 time=104 ms
64 bytes from 10.0.0.4: icmp_seq=3 ttl=64 time=111 ms
64 bytes from 10.0.0.4: icmp_seq=4 ttl=64 time=103 ms
64 bytes from 10.0.0.4: icmp_seq=5 ttl=64 time=104 ms
64 bytes from 10.0.0.4: icmp_seq=6 ttl=64 time=106 ms
64 bytes from 10.0.0.4: icmp_seq=7 ttl=64 time=103 ms
^C
--- 10.0.0.4 ping statistics ---
7 packets transmitted, 7 received, 0% packet loss, time 6011ms
rtt min/avg/max/mdev = 103.649/105.999/111.048/2.553 ms
mininet> h2 ping h3
PING 10.0.0.3 (10.0.0.3) 56(84) bytes of data.
64 bytes from 10.0.0.3: icmp_seq=1 ttl=64 time=64.3 ms
64 bytes from 10.0.0.3: icmp_seq=2 ttl=64 time=62.8 ms
64 bytes from 10.0.0.3: icmp_seq=3 ttl=64 time=62.2 ms
64 bytes from 10.0.0.3: icmp_seq=4 ttl=64 time=60.7 ms
64 bytes from 10.0.0.3: icmp_seq=5 ttl=64 time=66.8 ms
64 bytes from 10.0.0.3: icmp_seq=6 ttl=64 time=60.6 ms
64 bytes from 10.0.0.3: icmp_seq=7 ttl=64 time=62.2 ms
^K64 bytes from 10.0.0.3: icmp_seq=8 ttl=64 time=61.1 ms
^C
--- 10.0.0.3 ping statistics ---
```

Figura 55. Teste de Pacote #5

Isto conclui toda a jornada de utilização do controlador Floodlight. Ao longo desta viagem, o fascinante mundo das redes definidas por software (SDN) e a sua implementação utilizando o controlador Floodlight foram explorados em profundidade. Também foi demonstrado como a SDN representa uma mudança de paradigma na gestão e arquitetura da rede, oferecendo maior flexibilidade, escalabilidade e controlo centralizado.

O controlador Floodlight, enquanto plataforma de código aberto, oferece uma janela prática para esta abordagem revolucionária. Ao instalá-lo e configurá-lo num ambiente virtual, foi possível experimentar em primeira mão as capacidades do SDN e o seu potencial para simplificar e otimizar a gestão da rede.

As máquinas virtuais têm desempenhado um papel crucial neste processo, proporcionando um ambiente isolado e flexível para experimentar e desenvolver soluções SDN sem colocar em risco a infraestrutura de rede existente. A sinergia entre SDN e virtualização provou ser uma combinação poderosa para impulsionar a inovação e a agilidade no mundo das redes.

À medida que avançamos para um futuro cada vez mais ligado e dependente da rede, a SDN e ferramentas como o Floodlight estão posicionadas como pedras angulares para enfrentar os desafios e tirar partido das oportunidades que se avizinham. A capacidade de programar e controlar centralmente o comportamento da rede permitirá às organizações adaptarem-se rapidamente à evolução dos requisitos e das exigências, optimizando assim o desempenho e a eficiência das suas infra-estruturas de rede.

Referências

Shaghaghi, A., Kaafar, M. A., Buyya, R., & Jha, S. (2020). Segurança do plano de dados da rede definida por software (SDN): problemas, soluções e direções futuras. Manual de Redes de Computadores e Segurança Cibernética: Princípios e Paradigmas, 341-387.

Jiang, X., Xu, X., Zhang, J., Shen, F., Cao, Z., & Shen, H. T. (2022). Sdn: Rede de desacoplamento semântico para aterramento de linguagem temporal. IEEE Transactions on Neural Networks and Learning Systems.

Alotaibi, H. S., Gregory, M. A., & Li, S. (2022). Gateways baseados em sdn multidomínio e protocolo de gateway de fronteira. Journal of Computer Networks and Communications, 2022.

Jimenez, M. B., Fernandez, D., Rivadeneira, J. E., Bellido, L., & Cardenas, A. (2021). Um levantamento dos principais problemas de segurança e soluções para a arquitetura SDN. IEEE Access, 9, 122016-122038.

Wazirali, R., Ahmad, R., & Alhiyari, S. (2021). Descoberta de topologia SDN-openflow: uma visão geral dos problemas de desempenho. Ciências Aplicadas, 11(15), 6999.

Pei, J., Hong, P., Xue, K., Li, D., Wei, D. S., & Wu, F. (2020). Seleção de função de rede virtual de duas fases e algoritmo de encadeamento baseado em aprendizado profundo em redes habilitadas para SDN / NFV. Jornal IEEE sobre áreas selecionadas em comunicações, 38(6), 1102-1117.

Das, T., & Gurusamy, M. (2021). Dimensionamento do plano de controlo multiobjetivo em redes híbridas SDN/legado. IEEE Transactions on Network and Service Management, 18(3), 2929-2942.

Wazirali, R., Ahmad, R., & Alhiyari, S. (2021). Descoberta de topologia SDN-openflow: uma visão geral dos problemas de desempenho. Ciências Aplicadas, 11(15), 6999.

Dias, A. H., Correia, L. H., & Malheiros, N. (2021). Uma revisão sistemática da literatura sobre consolidação de máquinas virtuais. ACM Computing Surveys (CSUR), 54(8), 1-38.Dias, A. H., Correia, L. H., & Malheiros, N. (2021). Uma revisão sistemática da literatura sobre consolidação de máquinas virtuais. ACM Computing Surveys (CSUR), 54(8), 1-38.

Yang, Z., & Yeung, K. L. (2020). Projeto de esquema de monitoramento de fluxo em SDN. Computer Networks, 167, 107007.

Yoo, Y., Yang, G., Lee, J., Shin, C., Kim, H., & Yoo, C. (2022). TeaVisor: hipervisor de rede para isolamento de largura de banda em SDN-NV. IEEE Transactions on Cloud Computing.

Aryan, R., Yazidi, A., Brattensborg, F., Kure, Ø., & Engelstad, P. E. (2022). SDN Spotlight: Uma estrutura de resolução de problemas OpenFlow em tempo real. Future Generation Computer Systems, 133, 364-377.

Qu, K., Zhuang, W., Ye, Q., Shen, X., Li, X., & Rao, J. (2020). Migração de fluxo dinâmico para serviços incorporados em redes centrais 5G habilitadas para SDN / NFV. IEEE Transactions on Communications, 68(4), 2394-2408.

Umar, R., Riadi, I., & Kusuma, R. S. (2021). Mitigando o ataque de ransomware sodinokibi na rede em nuvem usando rede definida por software (SDN). Jornal Internacional de Engenharia de Segurança e Proteção, 11(3), 239-246.

Hamdan, M., Hassan, E., Abdelaziz, A., Elhigazi, A., Mohammed, B., Khan, S., ... & Marsono, M. N. (2021). Uma pesquisa abrangente de técnicas de balanceamento de carga em rede definida por software. Journal of Network and Computer Applications, 174, 102856.

Ligações.

https://github.com/floodlight/floodlight

https://www.researchgate.net/figure/Internal-architecture-of-the-Floodlight-controller-and-its-interfaces_fig12_319385426

https://www.researchgate.net/figure/Floodlight-SDN-controller-architecture-Further-f-Forwarding-It-is-forwarding_fig1_323057223

https://www.sdxcentral.com/networking/sdn/definitions/what-the-definition-of-software-defined-networking-sdn/what-is-sdn-controller/openflow-controller/what-is-floodlight-controller/

https://www.telefonicaempresas.es/grandes-empresas/blog/sdn-en-las-redes-el-origen-de-una-transformacion/

https://dialnet.unirioja.es/descarga/articulo/4897871.pdf

https://alb3rtoalonso.com/2021/03/18/sdn-nfv-openflow-innovacion-en-las-redes/

https://www.computerweekly.com/es/definicion/OpenFlow

https://opennetworking.org/mininet/

https://www.sdxcentral.com/networking/sdn/definitions/what-the-definition-of-software-defined-networking-sdn/what-is-sdn-controller/openflow-controller/what-is-floodlight-controller/

https://floodlight.atlassian.net/wiki/spaces/floodlightcontroller/pages/1343544/Installation+Guia#InstalaçãoGuia-Instalação

I want morebooks!

Buy your books fast and straightforward online - at one of world's fastest growing online book stores! Environmentally sound due to Print-on-Demand technologies.

Buy your books online at
www.morebooks.shop

Compre os seus livros mais rápido e diretamente na internet, em uma das livrarias on-line com o maior crescimento no mundo! Produção que protege o meio ambiente através das tecnologias de impressão sob demanda.

Compre os seus livros on-line em
www.morebooks.shop

Printed by Books on Demand GmbH, Norderstedt / Germany